행복한
관계를
맺는
인간관계
불변의 법칙

| 행복한 관계를 맺는 |

인간관계

양광모 지음

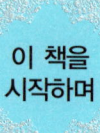
이 책을 시작하며

　남은 인생은 인간관계에 대한 연구와 강의, 집필활동에 전념하며 살겠다고 결심한지 어느덧 5년이 지났다. 짧은 시간이지만 보람과 기쁨의 순간들이었다. 그동안 배우고 느낀 점을 모아 8권의 책을 출간했고, 방송출연과 강의활동을 통해 많은 사람들에게 내 뜻을 전할 수 있었다.

　사실 나는 이 분야를 전공한 학자도 아니고, 그다지 성공적인 인간관계를 형성해 온 사람도 아니다. 오히려 노동운동, 사업, 정치에 몸담을 때는 다른 사람과 갈등을 빚는 일이 유난히 많았던 편이다. 지금 생각해보면 몹시 후회되는 일이지만 그런 경험 덕분에 지금의 길로 접어들게 됐으니 인생지사 새옹지마요, 전화위복이다.

　지난 5년간 어떻게 하면 인간관계를 잘할 수 있을지 집중적으로 파고들었지만 인간관계의 성공비법을 제시하는 일은 아직도 어렵고 고민스럽다. 시중에 나와 있는 대부분의 책을 습독하고, 이 분야의 전문가들과 토론을 나눠보고, 실제로 많은 사람들에게 내가 알고 있는 이론을 적용해봤다. 인간관계를 개선하기 위한 여러 가지 방법을 훈련해봤지만 성공적인 인간관계의 법칙을 발견하는 길은 여전히 안개 속을 헤매는 것 같다.

물론 성과가 없었던 것은 아니다. 첫 번째, 두 번째 책을 통해서 인맥관리의 기본적인 개념과 방법들을 제시했고, 네 번째 책《사람들을 내 편으로 만드는 소통》을 집필하며 인간관계의 발전단계별로 다른 사람들과 가까워질 수 있는 방법들을 정리했다. 여덟 번째 책《귀한 인맥 만들기》를 쓰면서 사회에서 새로운 사람을 만나는 방법을 유형별로 체계화할 수 있었다.

나머지 책들을 통해서도 인맥관리와 인간관계의 숨겨진 법칙을 일반화하려고 노력했다. 그럼에도 언제나 내 마음은 풀리지 않는 수학문제를 끌어안고 살아가는 기분이었다. 그런 마음이 들게 된 이유는 다음과 같다.

첫째, 인간관계에 관한 수많은 책, 이론, 교육 프로그램이 있지만 종합적인 체계가 부족하다고 생각했다. 내 눈에는 그저 인간관계에서 볼 수 있는 수많은 모범사례를 나열한 것으로만 느껴졌다. 지금 와서 다시 읽어보니 내가 쓴 책 또한 크게 다르지 않았다.

둘째, 인간관계에 관한 다양한 이론과 방법들이 저마다 탁월함을 자랑하고 있지만 사람들의 대인관계는 그다지 개선되고 있지 않다는 사실이 마음에 걸렸다.

　카네기가 쓴 《인간관계론》으로 많은 사람들이 큰 감명을 받았고, 나 또한 크게 다르지 않다. 그렇다면 사람과 사람의 관계가 지금쯤은 천국과 같은 상황이 되어야 마땅할 것 같은데 정작 성공적인 인간관계를 형성했다는 사람은 눈 씻고 찾아보기 어려운 이유가 궁금했다. 단순히 개인의 실천력 차이에 원인이 있다고 책임을 돌려버리기에는 무언가 석연치 않았다.

　셋째, 인간관계의 법칙을 축약할 필요성을 느꼈다. 세상에서 말하는 인간관계의 이론과 비법은 평범한 보통 사람들이 실천하기에는 너무나 복잡하고 어려워보였다. 따라서 누구나 쉽게 이해할 수 있고, 곧바로 행동에 옮길 수 있는 핵심개념이 정리되어야 한다고 생각했다. 그 개념은 사람들의 말과 행동을 결정해주는 근본적인 패러다임, 일종의 신호체계처럼 작동해야 된다고 생각했다. 자동차를 운전할 때 언제 직진하고 언제 멈춰야 하는지를 알려주는 교통 신호등처럼 성공적인 관계를 만들어줄 인간관계의 신호체계를 만들고 싶었다.

　이제 그러한 고민의 산물로 이 책을 출간한다. 이 책에는 인간관계에서 반드시 지켜야 할 4가지 신호에 대한 설명이 담겨져 있다. 여기서 설명하는 신호를 잘 지키는 사람은 성공적인 인간관계에 안전하게 도착할 것이다. 반면에 신호를 의식하지 못하거나 무시하는 사람은 인간관계에서 많은 문제와 사고를 유발하게 될 것이다. 따라서 이 책을 인간관계의 신호등처럼 생각하고 어떤 상황에서도 반드시 지켜나갈 것을 부탁한다.

조심스럽게 이야기하건대 이 책을 읽고나면 인간관계의 핵심법칙을 이해할 수 있을 것이다. 그것은 마치 인간관계라는 게임의 룰을 모두 파악하고 있는 것과 같다. 적극적인 자세로 실천한다면 어떤 상황에서 누구를 만나던지 간에 자신이 의도하는 대로 인간관계를 이끌어갈 수 있을 것이다. 부디 꼼꼼하게 읽어주기 바란다.

이 책이 나오기까지 여러 사람의 도움이 있었다. 하늘 아래 새로운 것은 없듯이 내 책 또한 수많은 사람들이 이뤄놓은 성과를 조금씩 차용하여 내 나름대로 해석을 덧붙였을 뿐이다. 이 책을 쓰는데 크고 작은 영향과 영감을 준 모든 사람들에게 감사를 드린다. 사랑하는 가족들에게도 출간의 기쁨과 영광을 바친다. 마지막으로 이 책을 읽는 독자들의 인간관계에 따뜻함과 사랑이 가득 넘쳐나길 기원하며 내가 좋아하는 명언을 선물로 전한다.

부디 행복하기를….

행복은 입맞춤과 같다.
행복을 얻기 위해서는 누군가에게 행복을 주어야만 한다.
−디오도어 루빈

CONTENTS

이 책을 시작하며 4

제1장 인간관계에는 싸가지가 필요하다

1. 나는 싸가지 있는 사람인가 12
2. 싸가지, 없다가도 있는 것 18
3. 인간관계를 결정하는 4가지 성향 24
4. 싸가지를 4가지로 바꿔라 32
5. 4가지 대인관계기술 39

제2장 4가지 중 첫째 : 좋아하기 LOVE

1. 사랑 받고 싶다면 먼저 사랑하라 50
2. 호감 어린 눈빛으로 바라보라 54
3. 호감을 말로 표현하라 59
4. 스킨십으로 친밀감을 높여라 66
5. 자주 만나고 함께 시간을 보내라 72

제3장 4가지 중 둘째 : 열기 OPEN

1. 먼저 내 마음을 열어 보여라 80
2. 마음의 빗장을 열어라 86
3. 호감 어린 제스처를 보이며 경청하라 94
4. 질문으로 공감을 표현하라 100
5. 자기공개를 통해 상대와 교감하라 112

제4장 4가지 중 셋째 : 보조 맞추기 PACING

1. 끌고 가지 말고 함께 가라 120
2. 다름을 인정하라 126
3. 이익에 연연하지 말고 양보하라 134
4. 양보하기 어렵다면 설득하라 143
5. 조급하게 굴지 말고 인내하라 150

제5장 4가지 중 넷째 : 주기 GIVE

1. 받기보다 먼저 기부하라 158
2. 신뢰를 위해 정서적 지지를 보내라 164
3. 물질에 집착하지 말고 베풀어라 170
4. 상대방이 필요로 하는 것을 베풀어라 175
5. 능동적으로 호의를 베풀어라 180

제6장 출구 없는 미로, 갈등에서 벗어나자

1. 갈등 없는 인간관계는 없다 184
2. 갈등을 피하려면 긍정적으로 반응하라 196
3. 부정적 감정을 조절하라 203
4. 부정적으로 대응하지 마라 208
5. 갈등 상황은 비위 맞추기로 피하라 213
6. 갈등의 상대와 직접 협상하라 222

이 책을 마치며 230

1장

인간관계에는 싸가지가 필요하다

1

나는 싸가지 있는 사람인가

　얼마 전, 학교 후배 2명과 함께 술을 마신 적이 있다. 나보다 5살이 적은 K는 대기업에 근무하고 있고, 나보다 8살이 적은 P는 건축 인테리어 쪽에서 개인사업을 하고 있다. 학교 때 같은 동아리에서 활동했던 인연으로 지금도 시간이 날 때마다 만나곤 한다. 이번은 거의 1년만의 만남이라 각자 그동안 살아온 이야기를 털어놓으며 대화가 무르익어갔다. 어느덧 함께 마신 소주가 3병을 넘어가는데 K가 아내와의 불화문제를 하소연하기 시작했다.
　"여자가 나이 마흔을 넘으면 호르몬 분비가 바뀌면서 남성적으로 변한다고 하더니 요즘 들어서 얼마나 드세졌는지 도저히 감당할 수가 없어요. 예전에는 고분고분하던 사람이 이제는 사사건건 대들고, 조금만 의견이 다르면 마구 소리를 지르는 통에 거의 하루 걸러 하루씩 심하게 부부싸움을 하네요. 마음 같아서는 당장 이혼하고 싶지만 애들 생각하면 그럴 수도 없고, 참고 살자니 너무나 스트레스가 심하고…. 아주 고민입니다."

내가 무슨 말이든 위로를 건네려는데 P가 먼저 말을 꺼내기 시작했다.

"형님, 참고 사세요. 제가 요즈음 제일 부러운 게 뭔지 아십니까? 바로 가족이에요. 돈도 사업도 다 필요 없습니다. 그저 가족이 최고예요. 예전처럼 화목한 가정만 돌려준다면 저는 더 이상 아무것도 바라지 않겠습니다."

그러고 보니 P는 2년 전에 아내와 이혼을 했다. 한동안 술에 취하면 세 살된 딸이 보고 싶다고 눈물을 흘리던 P의 모습이 기억에 떠올랐다. P의 말을 듣고 난 K가 퉁명스럽게 대꾸한다.

"누가 그걸 모르냐? 나도 가족이랑 행복하게 잘 살고 싶어. 그런데 그게 잘 안되니까 문제지."

K는 다시 눈길을 내게로 돌리며 마치 동조를 구하는 듯한 시선으로 말을 이어갔다.

"형님, 부부싸움을 해도 넘지 말아야 할 선이 있잖아요? 저희 집 사람은 한번 흥분하기 시작하면 아이들이 있는 앞에서도 욕을 하고 물건을 집어던지기까지 합니다."

"저런, 그러면 안되지. 그건 크게 잘못하는 건데…."

나는 고개를 설레설레 흔들며 K의 말에 지지를 보내주었다. 그런데 그때 다시 P가 끼어들기 시작했다. 오늘따라 급하게 술을 마시더니 조금 취기가 있는 모양이었다.

"아, 그래도 무조건 형님이 참고 양보하세요. 작년에도 똑같은 이야기하셨던 거 기억납니다. 형님도 부부싸움하다 식탁의자 때려부수고, 형수님 따귀까지 때렸다면서요. 제가 볼 때는 형님이 잘못하는 겁니다. 형님이 남자니까 참아야죠. 참으세요, 참아!"

P의 이야기를 듣고 있던 K의 얼굴이 시뻘겋게 변하더니 갑자기 자리를 박차고 일어나 P에게 험담을 퍼붓기 시작했다.

"이런, 싸가지 없는 자식 같으니라구. 어디다 대고 훈계야? 너는 그렇게 잘 참아서 마누라랑 이혼까지 했냐? 버르장머리 없는 놈 같으니라고. 다시는 나한테 연락하지 마."

그리고는 휭하니 술집 밖으로 뛰쳐나가버렸다. 깜짝 놀란 P가 황급히 뒤를 쫓아갔지만 막무가내로 뿌리치고 가는 K를 붙잡지 못하고 맥 풀린 표정으로 혼자 돌아왔다.

갑작스럽게 전개된 사태에 나도 적잖이 당황스럽고, 또 한편으로는 황당하고 어처구니없는 마음이 들기도 했다. 소주 1병을 추가로 주문하여 2~30분 정도 P와 이야기를 더 나누다 집으로 돌아왔다. 기분이 매우 씁쓸했다.

이튿날, K에게서 전화가 오기를 기다렸지만 끝내 오지 않았다. 그 이튿날 오후가 되어 내가 먼저 전화를 걸어보았다.

"그저께는 화가 많이 났던 모양인데 지금은 기분이 조금 풀렸니?"

"P가 너무 싸가지 없게 굴잖아요. 그리고 저 지금 바쁘거든요. 나중에 다시 전화주세요."

그러더니 K가 먼저 전화를 끊어버렸다. 갑자기 화가 치밀어올라 마음속으로 중얼거렸다.

"이런, 싸가지 없는 놈 같으니. 자기도 싸가지 없는 게 누구를 싸가지 없다고 욕해! 아무리 화가 나도 그렇지. 함께 술 마시고 있던 내 앞에서 자기 마음대로 화를 내고 인사 한마디도 없이 가버리다니…. 게다가 지금 전화 받는 태도는 또 뭐야? 바쁘니까 나중에 전화하라고? 누구는 지금 한가해서 전화하는 줄 아나?"

나는 언짢아진 마음을 달래기 위해 음악을 듣기 시작했다. 그러다 문득 싸가지라는 말이 무슨 뜻일까 궁금하여 찾아봤다.

'싸가지'는 싹수의 방언이며, 주로 강원도와 전라도 지역에서 '싹수'의 뜻으로 사용된다. '싹수'는 어떤 일이나 사람이 앞으로 잘될 것 같은 낌새나 징조를 의미한다. '싸가지 없다'라는 말은 버릇없다는 뜻의 전라도 사투리다. 따라서 싸가지 없다는 말은 근본이나 버릇이 잘못되어 바람직한 사람으로 자라지 못했다는 것을 의미한다.

인사성이 없거나 예의범절을 지키지 않는 버릇없는 사람, 말버릇이나 태도가 무례한 사람, 잘난 척하는 사람, 다른 사람을 무시하는 사람, 제멋대로 행동하는 사람, 자기 이익만 챙기는 사람들이 싸가지 없는 사람들의 대표적인 유형이다.

우리는 사회생활을 하다보면 종종 싸가지 있는 사람과 싸가지 없는 사람을 만나게 된다. 싸가지 있는 사람은 보기만 해도 즐겁고 오래도록 함께 어울리고 싶어진다. 반면에 싸가지가 없는 사람은 보기만 해도 짜증나고 가능한 한 피하고 싶다. 직장에서도 마찬가지다. 한 여론조사에 의하면 직장상사 중 90%가 일은 잘하지만 '싸가지 없는' 직원보다는 능력은 보통이지만 '인간성 좋은' 직원을 더 신뢰하는 것으로 나타났다. B&K의 구건서 대표는 기업의 성공전략으로 반드시 싸가지 있는 인재를 채용해야 한다고 주장하며, 싸가지 있는 사람의 특징으로 열정, 배려, 전문성, 독립성, 도전정신 등을 손꼽았다.

이렇듯 싸가지는 인간관계와 사회생활의 기본이다. 싸가지 있는 사람은 성공적인 사회생활과 원만한 인간관계를 형성해나갈 수 있지만 싸가지 없는 사람은 일에서 실패할 확률이 높고 인간관계에서도 갈등을 빚을 소지가 다분하다. 따라서 우리는 싸가지 있는 사람이 되도록 노력해야 한다.

그런데 우리는 어떤 싸가지를 갖춰야 하는 것일까? 지금까지 내가 연구한 결과로는 4가지 싸가지를 지니도록 노력해야 한다. 이 4

가지 싸가지는 성공적인 인간관계를 향한 파란 신호등이다. 앞으로 이 책을 통해 한 가지 한 가지씩 알아볼 것이다. 그 전에 스스로에게 질문을 던져보라.

"나는 싸가지 있는 사람인가?"

2004년에 개봉했던 〈내 사랑 싸가지〉라는 제목의 영화가 있다. 하지원(강하영 역), 김재원(안형준 역) 주연의 코믹 로맨스물로, 이햇님이라는 고등학교 3학년 여학생이 쓴 인터넷 소설을 원작으로 만들어졌다. 영화의 내용은 다음과 같다.

고3 여고생 하영은 백일 기념일에 연하 남자친구에게 채이고 돌아오던 중 빈 콜라캔 하나를 힘껏 걷어찬다. 그런데 불운하게도 하영이 걷어찬 콜라캔이 싸가지 명품족 형준의 외제차 범퍼에 맞는 사고가 벌어진다. 무일푼인 하영은 수리비 변상을 위해 차주인인 형준과 100일간 노비계약을 하고 집 청소, 쇼핑 도우미, 리포트 작성과 세차에 이르기까지 온갖 잡심부름에 시달린다.

그러던 어느 날 자신의 실수가 단돈 1만 원으로 수리가 가능하다는 사실을 알게 된 하영은 형준에게 복수를 하려 한다. 계속해서 여러 가지 해프닝이 이어지고 그러다 마침내는 서로에 대한 오해를 풀고 행복하게 지낸다.

인터넷 소설 《내사랑 싸가지》는 당시 검색어 1위를 차지하며 평균 조회 수가 11~12만 건에 달했다. Daum에 공식카페만 180개 이상 개설되었고, 관련 동호회는 900여 개에 이르렀다고 한다. 이른 바 싸가지 있는 소설이었던 셈이다. 영화로는 기대했던 만큼의 인기를 얻지 못했지만 관람객 수가 150만 명을 넘었다고 하니 완전히 싸가지 없는 영화는 아니었던 모양이다.

영화 속 주인공인 대학생 형준은 부자티를 내고, 무례하고, 건방지고, 잘난 척하고, 제멋대로 행동한다. 그야말로 왕싸가지라고 불러도 무방할 싸가지 없음의 적나라한 모습을 그대로 보여준다. 그런데 우리는 과연 어떤 사람을 싸가지 없는 사람이라 말하는 것일까?

얼마 전 신문기사를 보니 유시민 전 보건복지부 장관의 인터뷰

기사가 실려 있었다. 그가 최근에 출간한 책 《후불제 민주주의-유시민의 헌법 에세이》와 관련한 내용이었다. 기사를 읽다보니 싸가지와 관련 있는 흥미로운 이야기가 군데군데 등장했다.

기자 : 책의 머리말을 보니 1년간 인간의 도리를 다하지 못했다는 구절이 있습니다. 그간 칩거나 은둔에 가까운 생활을 했던 건가요?

유시민 : 칩거나 은둔까지는 아닌데 정치하면서 신세진 분들이 많아요. 동문들이나 저희 팬클럽, 친척들, 문중 어른들도 그렇고…. 일일이 성의 표시를 하기 힘들 만큼(행사·모임 등이) 많아요. 그러다보니 여기저기서 욕하는 소리가 들리죠. 그런데 책을 써서 당장 생활비를 벌어야 하니까 저도 어쩔 수가 없어요. 참 죄송하죠.

기자 : 김영춘 전 의원이 2004년 "유시민은 왜 저토록 옳은 이야기를 저토록 싸가지 없이 할까"라고 한 적이 있습니다.

유시민 : 제가 워낙 미운털이 많이 박혔으니까 사람들이 그런 거죠. 사람들이 그 말을 들었을 때 "맞아, 나도 그렇게 생각하고 있었어"라고 여겼으니까 그 말이 먹힌 거죠(웃음).

기자 : 지난 시간을 돌이켜봤을 때, 지금 알고 있는 것을 그때도 알았더라면 좋았겠다고 생각하는 것이 있습니까?

유시민 : 마음을 잘 다스리지 못한 것 같아요. 그때는 마음속에 누군가를 미워하는 감정이 가득했어요. 그런 게 얼굴에 나타나니까 그 사람들도 저를 싫어했죠. 또 하나는 국회의원 배지가 참 귀한 건데

이것을 하찮게 여기는 듯한 언행을 제가 했죠. 그런 것이 부지불식간에 노출되니까 다른 국회의원들이 볼 때는 잘난 척하고 건방진 놈으로 보일 수밖에 없죠.

— 〈경향신문〉, 최희진 기자, 2009년 3월 20일자

나는 인터뷰 기사를 읽으면서 유시민이라는 사람에게 품었던 "조금 싸가지가 없는 사람"이라는 편견을 모두 지워버릴 수 있었다. 아니, 오히려 그야말로 진정으로 싸가지 있는 사람이라고 생각됐다. 왜냐하면 그는 이미 자신이 싸가지가 없다는 사실을 인정하고 있으며, 싸가지 있는 사람이 되기 위해 노력하려는 모습을 보이고 있기 때문이다.

세상에는 자신이 싸가지가 없다는 사실도 모르고 천방지축 망나니마냥 싸가지 없는 행동을 일삼는 사람도 부지기수에 달한다. 그러니 유시민 전 장관처럼 자신이 싸가지 없다는 사실을 깨닫기만 해도 크게 싸가지가 생기는 것이다. 어찌되었든 유 전 장관이 인터뷰를 통해 스스로 인정하고 있는 '싸가지 없음'은 다음과 같다.

- 성의 표시를 해야 할 행사나 모임이 많은데 못하고 있으니 욕하는 소리가 들린다.
- 평소에 행실을 똑바로 하지 못해 미운털이 박혔다.
- 분노의 감정을 다스리지 못하고 얼굴에 나타내니 사람들이 싫어했다.

- 국회의원 배지를 하찮게 여기는 듯한 언행을 하니 잘난 척하는 건방진 놈으로 보였다.

우리는 흔히 위와 같은 행동들을 싸가지로 평가한다. 마땅히 지켜야 할 도리를 못하거나 평소의 행실과 버릇이 바르지 못할 때, 분노나 원망, 증오와 같은 감정을 다른 사람에게 무분별하게 표현하거나 남들이 귀중하게 여기는 것을 우습게 생각하는 일들 모두 싸가지 없는 행동이다. 이외에도 인간관계에는 무수히 많은 싸가지 없는 말과 행동들이 나타난다. 힐튼 호텔의 억만장자 상속녀 패리스 힐튼은 케이블 TV에 출연하여 "사람들이 돈을 벌기 위해 일하는 줄 몰랐다"라는 '싸가지 없는 발언'으로 많은 사람들의 분노를 자아냈다.

오래전 한 지방 국립대 교수가 〈대학교 교수들의 문제점〉이라는 글을 인터넷에 올려 화제가 된 적이 있었다. 신문기사에 의하면 "▲잘난 것도 없는데 잘난 체한다, ▲이해관계에 철저하다, ▲싸가지가 없다, ▲남에게 야박하다, ▲가능한 기대려고 한다" 등을 '교수들의 문제점'으로 꼽았는데 그중에서 싸가지가 없는 이유에 대해서는 다음과 같이 말하고 있다.

"서양식도 아니고 동양식도 아닌, 어찌보면 무법천지가 교수사회다. 선배는 후배를 가능한 한 많이 부려먹으려 하고, 후배는 또 당하지 않기 위해서 항상 선배를 비웃고 조롱한다." 대학교 교수라고 해서 모두 싸가지가 있는 것은 아닌 모양이다.

몇 년 전, 국악인이자 배우인 윤문식 씨의 "이런, 싸가지 없는 놈"이라는 말이 많은 사람들의 유행어가 되었던 적이 있다. 어찌보면 정도의 차이가 있을 뿐이지 싸가지 없는 행동은 모든 사람에게서 공통적으로 발견할 수 있을 것이다. 실제로 우리 사회에는 지위와 계층을 불문하고 싸가지 없는 행동들이 날마다 무수히 일어나고 있다.

그러나 이런 싸가지 없는 행동을 많이 하는 사람은 인간관계와 사회생활에 심각한 문제를 유발할 가능성이 높다. 싸가지 없는 사람은 다른 사람들로부터 미움을 받기 쉽다. 또 극도로 싸가지가 없는 일명 '왕싸가지'는 왕따의 대상이 되기도 한다. 따라서 우리는 싸가지 없는 사람이 되지 않도록 조심해야 한다. 사람은 신이 아니기 때문에 조금만 긴장을 늦추면 아차하는 사이에 자신도 모르게 싸가지 없는 말과 행동을 할 수 있다. 그렇게 되면 자신의 진짜 모습과는 상관없이 싸가지 없는 사람으로 비춰지게 된다.

정치인 유시민도 마찬가지였지만 축구선수 이천수, 영화배우 한예슬, 가수 신해철 등은 모두 주변 사람들로부터 싸가지 없다는 오해를 많이 받아 고생했던 것으로 전해진다. 노무현 정부 시절 386세대에 대해 가장 많이 가해졌던 비판 역시 싸가지 없는 세대라는 평가였었다. 스스로를 완벽하다고 자만하지 말고 혹시라도 자신도 모르는 사이에 싸가지 없는 말과 행동을 하고 있는 것은 아닌지 반성해보라. 성공적인 인간관계를 맺으려면 싸가지 없는 사람이 아니라 싸가지 있는 사람이 되어야 한다.

3
인간관계를 결정하는 4가지 성향

인간관계의 황금률인 "내가 대우받고 싶은 대로 상대방을 대우하라"는 말이 자주 인용되곤 한다. 전혀 틀린 말은 아니지만 인간관계의 핵심을 정확하게 짚은 말이라고 생각하기는 어렵다. 보다 분명하게 표현하자면 "상대방이 대우받고 싶어하는 대로 상대방을 대우하라"고 말해야 한다. 예부터 중국 황실에는 사람들의 인기를 얻는 비결로 "좋아하는 일을 하고, 싫어하는 일을 하지 않는 것"이라는 말이 전해온다. 너무나 단순한 말이라 무시하기 쉽지만 인간관계의 본질을 가장 정확하게 꿰뚫어서 알려주는 비법이라고 할 수 있다.

인간관계를 잘 하는 비결은 특별한 것이 아니다. 상대방이 좋아하는 말과 행동을 하고 상대방이 싫어하는 말과 행동을 하지 않으면 된다. 결국 성공적인 인간관계를 만들기 위한 핵심비결도 상대방이 좋아하는 일을 하고, 상대방이 싫어하는 일을 하지 않는 기술이라고 말할 수 있다. 아래 질문에서 대답을 찾아보자.

Q1. 강아지에게 무엇을 주면 좋아할까?
① 고기 ② 인삼

Q2. 남편이 어떤 말을 하면 아내가 좋아할까?
① 칭찬 ② 욕

Q3. 부하가 어떤 행동을 보이면 상사가 좋아할까?
① 존경 ② 뒷담화

당연히 아내에게는 칭찬을, 상사에게는 존경을 보여줘야 좋아한다. 그리고 강아지에게는 사람이 좋아하는 인삼이 아니라 강아지가 좋아하는 고기를 줘야 잘 따른다. 사람도 역시 마찬가지다. 내가 좋아하는 것이 아니라 상대방이 좋아하는 것을 줘야한다. 그러나 실제 인간관계에서는 상대방이 원하는 것이 아니라 내가 주고 싶은 것을 주는 일이 많이 발생한다. 이러면 좋은 관계가 형성되기 어렵다. 사람들은 보통 다음과 같은 것을 얻기 위해 인간관계를 형성하고 유지한다.

- 호감과 애정 : 다른 사람으로부터 호감과 애정을 받기를 원한다.
  예) 칭찬, 지지, 인정, 이해, 공감, 존경…

- 즐거운 체험 : 다른 사람과 함께 즐거운 대화와 경험의 시간을 나누길 원한다.
  예) 식사, 대화, 운동, 영화 관람, 여행…

- 현실적 도움 : 다른 사람으로부터 물질적, 정신적 도움을 받기를 원한다.
  예) 선물, 애경사, 일적인 도움, 금전 대여, 보증…

사람들은 자신을 좋아하고 즐거운 체험을 함께 나누며 도움을 제공해주는 사람과 친밀한 인간관계를 맺으려 시도한다. 한편 인간관계를 친밀하게 만들기 위한 노력들은 대부분 언어와 행동을 통해 나타난다. 우리는 말과 몸짓으로 자신의 생각, 의도, 감정을 타인에게 전달하는데 그러한 대인행동은 특정한 경향성을 지니게 된다.

일반적으로 대인행동은 4가지 성향을 보이는데, 어떤 성향이 강하게 나타나는지에 따라 인간관계는 현격하게 달라진다. 좋은 관계를 형성하고 싶으면 나의 대인행동성향이 적절한지 분석해보고 잘못된 점을 찾아서 개선해야 한다. 대인행동에는 다음과 같은 4가지 카테고리의 성향이 있으며, 하나의 카테고리에는 각각 2개의 대립되는 성향이 존재한다.

(1) 좋아하기Love : 싫어하기Hate

좋아하기-싫어하기 성향은 내가 타인을 우호적 태도로 대하는가, 아니면 적대적 태도로 대하는가를 의미한다. 내가 상대방을 좋아하는지 싫어하는지에 따라 인간관계는 180도 달라진다. 좋아하기는 호의적인 표현과 행동으로 나타난다. 싫어하기는 거부, 회피 또는 공격적인 말과 행동으로 나타난다.

(2) 열기Open : 닫기Close

열기-닫기 성향은 타인과의 관계가 개방적으로 이뤄지고 있는지, 아니면 폐쇄적으로 이뤄지고 있는지를 의미한다. 대화를 통해 상대방의 생각과 감정에 충분한 공감과 수용을 해주는지, 다른 사람에게 자신의 생각과 감정을 적절하게 공개하고 있는지에 따라서도 인간관계가 달라진다.

(3) 보조 맞추기Pacing : 끌고 가기Dragging

보조 맞추기-끌고 가기 성향은 타인과의 관계를 협력적으로 이끄는가, 아니면 강제적으로 끌고 가는가를 의미한다. 상대방을 존중하며 동등한 위치에서 교류하는지, 아니면 상대방을 자신의 의도에 맞게 강압적으로 통제하는 성향인지에 따라 인간관계가 달라진다.

(4) 주기Give : 받기Take

주기-받기 성향은 타인과의 관계에서 누구의 이해관계를 더욱 중시하느냐를 의미한다. 상대방으로부터 받기만 하거나 항상 동등한 조건에서만 교환하는지, 아니면 상대방에게 먼저 배려와 도움을 베푸는지에 따라서 인간관계가 달라진다.

이러한 4가지 성향 중에서 자신에게 해당되는 항목을 1가지씩 선택하면 그것이 자신의 대인행동양식이 된다. 모두 16가지 유형이 나오게 되는데 다음과 같다.

(1) 좋아하기Love : 싫어하기Hate
(2) 열기Open : 닫기Close
(3) 보조 맞추기Pacing : 끌고 가기Dragging
(4) 주기Give : 받기Take

LOPG	LCPG	HOPG	HCPG
LOPT	LCPT	HOPT	HCPT
LCDG	LCDG	HCDG	HCDG
LODT	LCDT	HODT	HCDT

4가지 성향에 대해 이해가 되었다면 먼저 일반적인 인간관계에서 나의 대인행동양식은 어떤 유형을 많이 나타내고 있는지 파악해보자. 예를 들면 자신이 다른 사람들과 어울리는 것을 좋아하고, 다른 사람을 만나면 마음의 문을 열고 솔직하게 대화하는 편이라고 하자. 또, 다른 사람의 의견을 좇기보다는 앞장서서 이끌어가고, 다른 사람에게 무언가를 주는 일보다 다른 사람으로부터 받는 일이 많다면 나는 좋아하기, 열기, 끌고 가기, 받기에 해당되는

LODT유형이라 생각할 수 있다.

　다음으로는 특정한 상대방과의 관계에서 나의 행동양식을 분석해볼 필요가 있다. 가령 직장동료 중에 홍길동이라는 사람이 있다고 가정하자. 내가 홍길동을 싫어하고 마음의 문을 닫고 있으며, 협력적으로 대하기보다는 내가 원하는 대로 끌고 가고, 주기보다는 받는 일이 많다. 그렇다면 나는 싫어하기, 닫기, 끌고 가기, 받기에 해당되는 HCDT유형이다. 만약 홍길동과 좋은 관계를 형성하고 싶다면 싫어하기, 닫기, 끌고 가기, 받기 성향의 대인행동을 중단해야 한다. 좋아하기, 열기, 보조 맞추기, 주기 성향의 대인행동을 많이 나타내야 상대방과 원만하고 밀접한 관계를 형성할 수 있다.

　다시 한 번 요약하면 인간관계는 상호 간에 대인행동을 주고받으며 이뤄지는데 어떤 성향의 대인행동이 많이 나타나느냐에 따라 원만한 관계가 형성되기도 하고, 반대로 부정적인 관계가 만들어지기도 한다. 따라서 지금 내가 어떤 유형의 대인행동성향을 나타내는지 분석해보고, 좋아하기, 열기, 보조 맞추기, 주기에 해당되는 LOPG유형으로 바뀔 수 있도록 지속적인 노력을 기울여나가야 한다.

　일부 독자들은 벌써 간파했겠지만 이 책을 통해 내가 주장하고자 하는 인간관계의 비밀은 이미 모두 제시되었다. 인간관계를 잘

하려면 4가지 성향만 열심히 실천하면 된다. 어떤 사람과 원만하고 친밀한 관계를 형성하고 싶다면 상대방에게 좋아하기, 열기, 보조 맞추기, 주기 성향에 해당되는 말과 행동을 많이 하면 된다. 이런 유형의 행동을 많이 하는 사람이 싸(4)가지 있는 사람이다.

누군가와 갈등을 만들고 싶으면 싫어하기, 닫기, 끌고 가기, 받기 성형에 해당되는 말과 행동을 많이 하면 된다. 이런 유형의 사람이 싸(4)가지 없는 사람이다. 반대로 인간관계에서 갈등을 예방, 해결하고 싶으면 싫어하기, 닫기, 끌고 가기, 받기 성향의 말과 행동을 피하면 된다. 이것이 수많은 인간관계의 비법을 가장 단순하게 압축한 4가지 대인관계기술이다.

4가지 대인관계기술은 어떤 상황, 어떤 사람에게도 쉽고 간단하게 즉각 적용할 수 있으며, 실제로 대인관계 개선에 큰 효과를 얻을 수 있다. 그저 자신의 말과 행동이 어느 쪽 성향을 나타내고 있는지 점검해보고 4가지 성향이 되도록 주의와 노력만 기울이면 세상의 모든 사람을 내 편으로 만들 수 있다.

물론 이런 태도를 지니기까지는 반복적인 연습과 훈련이 필요하다. 대인행동은 말버릇, 몸버릇, 마음버릇이기 때문에 하루아침에 바뀌지 않는다. 가족과 주변 사람들에게 꾸준히 실천해서 조금씩 내 몸에 배인 습관을 바꿔나가야 한다. 새뮤얼 존슨은 "자신과 전혀 이해관계가 없는 사람을 대하는 태도로 그 사람의 인간성을 알 수 있다"는 말을 남겼다.

나와 이해관계가 없는 사람들을 대할 때도 4가지 성향의 행동이 많이 나타나도록 노력하라. 가족, 친구, 직장 사람들을 대할 때 4가지 성향의 행동을 적극적으로 실천하면 사회에서 만나는 모든 사람과도 성공적인 인간관계를 형성할 수 있는 싸가지 있는 사람이 될 것이다.

- 4가지 있는 성향 : 좋아하기, 열기, 보조 맞추기, 주기
- 싸가지 없는 성향 : 싫어하기, 닫기, 끌고 가기, 받기

4

싸가지를 4가지로 바꿔라

　2009년 상반기에 선풍적인 인기몰이를 한 〈꽃보다 남자〉라는 드라마를 보면 주인공 구준표(이민호 분)는 대표적인 왕싸가지다. 극중에서 구준표는 '천상천하 유아독존'의 극치를 보인다. 자신이 제일 잘났다고 생각하며, 누구든지 자신의 말에 순순히 복종해야 직성이 풀리는 안하무인의 캐릭터다. 구두에 아이스크림을 묻혔다고 핥으라고 시키지를 않나, 정성껏 구워 선물한 케이크를 얼굴에 문지르는 싸가지 없는 모습을 보여준다. 첫 방송이 나간 후 시청자 게시판에는 "구준표가 싸가지 없다"는 글이 수십 개 이상 등록되었다고 한다.

그러더니 어느 순간부터 대한민국 최고의 매력남으로 많은 여성들의 마음을 사로잡았다. 훤칠한 외모나 세련된 패션도 한몫했겠지만, 가장 큰 이유는 구준표가 여자에 대해선 순진할 만큼 순정파라는 점 때문일 것이다. 겉보기에는 싸가지 없고 나쁜 남자지만 자신이 사랑하는 여자를 위해 모든 것을 바칠 수 있는 '착한 남자'에게 보통의 여성이라면 빠져들 수밖에 없을 것이다. 바로 이 책을 통해 말하려고 하는 4가지 성향 중 하나인 좋아하기 성향이 강하게 나타난 예라고 설명할 수 있다.

구준표는 드라마 속의 인물일 뿐이지만 실제로 연예인 중에는 싸가지 없는 이미지가 싸가지 있는 모습으로 바뀐 사람도 종종 눈에 띤다. 그 대표적인 인물이 가수 서인영이다. 〈스포츠 한국〉 서미영 기자와의 인터뷰(2009년 1월 5일자)에서 서인영은 다음과 같이 말하고 있다.

"나는 가끔 대중이 나를 사랑해 주는 게 신기하다. 데뷔 초나 지금이나 변한 것은 없다. 싫은 건 절대 하지 않고 좋은 건 최선을 다해 열심히 한다. 그때는 내 모습을 보며 '건방지다', '싸가지 없다' 라고 하던 분들도 많았다. 그런데 지금은 '호탕하다', '시원시원하다' 고 말한다. 나는 변한 게 없는데 날 보는 세상의 시선은 달라졌다."

과연 무엇 때문에 세상 사람들은 서인영을 '싸가지 없는' 사람에서 '싸가지 있는' 사람으로 바꿔보게 된 것일까? 계속되는 인터뷰에서 서인영은 다음과 같은 말을 덧붙이고 있다.

"생각해보니 변한 게 있다. 감사하고 더 노력해야 한다는 마음가짐이 커졌다. 큰 사랑을 받고 있는 만큼 책임감이 강해졌다. 서인영은 서인영일 때 가장 매력적이라고 믿는다. 지금 이대로 나 자신에게 당당할 수 있고 나를 믿고 지켜봐 주는 사람들이 창피해지지 않는 활동을 보여드리겠다."

서인영의 말을 정리해보면 자신에게 생긴 변화는 첫째 감사하는 마음이 생겼다, 둘째 큰 사랑을 받으니 책임감이 강해졌다, 셋째 스스로에게 당당할 수 있고, 믿고 지켜봐주는 사람들이 창피해하지 않는 활동을 보여주려는 마음이 생겼다는 것으로 요약할 수 있다. 결국 사람들은 서인영에게서 더욱 감사하고(좋아하기), 더 큰 책임감으로(보조 맞추기), 팬과 대중을 위해 최선을 다하려는(주기) 모습을 보게 된 것이다. 즉, 서인영에게서 싸(4)가지 있는 모습을 발견하게 된 것이다.

또 다른 사람으로는 개그맨 양원경 씨가 있다. 그는 온몸으로 재치를 선보이며 한때 가장 잘나가던 개그맨이었다. 각종 개그 코너는 물론 인기 연예프로그램에서 앞다투어 그를 불렀다. 그러나 PD와의 불화설, 팬 폭행 사건, 방송출연 정지 조치, 부적절한 발언 등 온갖 좋지 않은 사건에 휘말리고 구설에 오르내리면서 그는 서서히 잊혀져갔다. 〈레이디경향〉 2009년 2월호 인터뷰를 통해 양원경은 다음과 같은 말로 그동안의 심경을 털어놓았다.

"예전에는 제가 생각도 짧고 철부지였어요. 잘나갈 때일수록 자신을 돌아보고 주변을 배려했어야 하는데, 자기관리도 하지 않고 그냥 하고 싶은 대로 하고 산 거예요. 속된 표현으로 말하자면 참 '싸가지'가 없었죠. 그 때는 섭외가 들어와도 출연료가 적으면 나가지 않았어요."

한마디로 그의 표현대로 싸가지가 없는 사람으로 살았던 것이다. 결국 그런 싸가지 없는 행동의 대가는 인기의 정상에서 아무도 불러주지 않는 가장 밑바닥 인생으로 추락하는 결과를 불러왔다. 싸가지 없는 행동이야말로 인간관계 및 사회생활에서 실패와 불행을 낳는 가장 첫 번째 원인인 셈이다. 다행히 이제 그는 싸가지 있는 사람으로 거듭나고 있다. 양원경은 기자의 질문에 다음과 같이 대답했다.

"지금 저에게 가장 큰 화두는 '사람'이에요. 그저 혼자 잘났다고 생각하던 때도 있었지만 이제는 좋은 사람, 따뜻한 사람이 어떤 것인지 생각하게 되더라고요. 이제는 사람을 소중하게 생각하면 살 겁니다. 좋은 사람들과 재미있는 프로그램을 하면서 즐겁게 살아가고 싶어요."

예전의 양경원은 그야말로 싸가지 없는 사람이었다. 혼자서만 잘났다고 생각하고, 주변을 배려하지 않고 자기가 하고 싶은 대로 하고 살던 사람이었다. 그러나 이제는 싸(4)가지 있는 사람으로 변했다. 사람을 가장 소중하게 생각하고(좋아하기), 따뜻한 사람(주기)이 되기 위해 노력하며, 다른 사람들과 협력하여(열기, 보조 맞추기) 재미있는 프로그램을 만들고 싶어하는 싸(4)가지 있는 사람이 된 것이다.

사람은 누구나 싸가지 없는 사람을 싫어하고 싸(4)가지 있는 사람을 좋아한다. 싸가지 없는 사람은 사회에서 환영받지 못하며 직장이나 학교에서 따돌림의 대상이 된다. 특히 대인관계에서는 상대방이 나에게 4가지 있는 행동을 하느냐, 아니면 싸가지 없는 행동을 하느냐에 따라 친구가 되기도 하고 원수가 되기도 한다. 따라서 지금부터는 싸가지 없는 사람이 아니라 4가지 있는 사람이 되도록 노력해야 한다.

에머슨은 "당신의 인생은 당신이 하루 종일 무슨 생각을 하는지에 달려 있다"는 말을 남겼는데 나는 다음과 같이 말하고 싶다. "당신의 인간관계는 당신이 하루 종일 어떤 행동을 하는지에 달려 있다." 나는 지금 어떤 행동을 주로 하고 있는지 스스로 질문해보고 4가지 있는 행동을 많이 하라.

- 나는 좋아하기 성향으로 행동하고 있는가?
- 나는 열기 성향으로 행동하고 있는가?
- 나는 보조 맞추기 성향으로 행동하고 있는가?
- 나는 주기 성향으로 행동하고 있는가?

4가지 대인관계기술

긍정적(4가지) 성향		부정적(싸가지) 성향	
좋아하기	우호적 시선	싫어하기	적대적 시선
	호감 표현		반감 표현
	스킨십		공격적 행동
	함께 시간 보내기		피하기
열기	마음 열기	닫기	무관심
	경청하기		흘려듣기
	공감하기		오해하기
	자기공개		마음닫기
보조 맞추기	인정하기	끌고가기	무시하기
	양보하기		독주하기
	설득하기		강요하기
	인내하기		포기하기

주기	정서적 지지	받기	관심 끌기
	물질 제공		빼앗아 가기
	도움 제공		청탁
	호의 제공		호의 요구

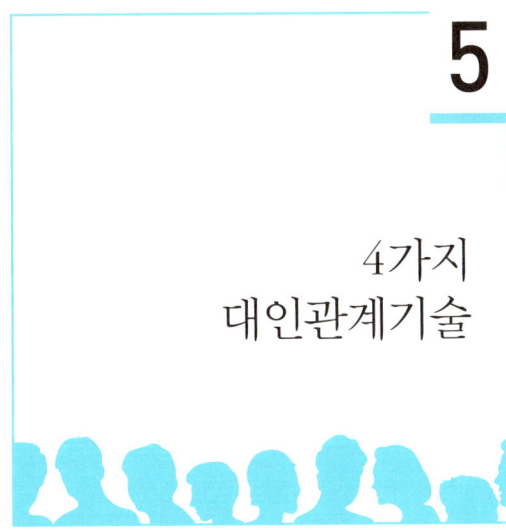

5
4가지 대인관계기술

  2,000명의 경영주를 대상으로 가장 최근에 해고시킨 3명과 해고 이유를 답하라는 조사가 이뤄졌다. 그 결과 응답자의 3분의 2가 "해직자들은 인화(人和)와는 거리가 먼 사람들이었다"고 답변하였다. 호주의 한 연구팀이 70세 이상 노인 1,477명을 10년간 추적·조사한 결과, 교우관계가 좋았던 492명은 하위 492명에 비해 22% 더 장수한 것으로 나타났다. 미국 카네기 공과대학교와 보스턴 대학교의 조사결과에 의하면 성공과 출세에 가장 중요한 것은 대인관계 능력이다.

  이처럼 인생과 사업에서 가장 중요한 것이 인간관계다. 평소에 주변 사람들과 좋은 인간관계를 형성해두면 여러 가지 긍정적인 결과가 발생한다. 직장에서의 원만한 인간관계는 업무추진, 승진고과, 전직 등에 도움을 받을 수 있으며, 고객이나 거래처, 협력업체 사람들과 좋은 관계를 구축하는 것은 사업에 긍정적인 영향을 가져다준다. 가족이나 친구, 사회 인맥과의 친밀한 관계는 기쁨과 행복이 충만한 삶을 만들어준다. 반면에 인간관계가 원만치 못하거나 주변 사람들과 갈등이 많아지면 일이나 사업에 부정적인 결과가 초래됨은 물론 정신적으로도 심각한 고통과 불행감에 젖어들게 된다.

그러나 대다수의 사람들은 아직도 인간관계에 대한 올바른 이해가 부족한 상황이다. 흔히 우리는 자신의 능력만 있으면 사회에서 쉽게 성공하고 행복해질 수 있다고 믿는다. 하지만 위에서 열거한 조사들은 성공과 행복을 위해 가장 중요한 것은 개인적인 능력이 아니라 인간관계라는 사실을 알려주고 있다. 따라서 우리는 인간관계의 중요성을 보다 절실하게 깨닫고 신뢰와 애정을 바탕으로 친밀한 인간관계를 구축하는 데 많은 노력을 기울여야 한다.

인간관계는 어떻게 하면 잘할 수 있을까? 에리히 프롬은 《사랑의 기술》이라는 책을 통해 사랑은 저절로 되는 것이 아니라 우리의 의지와 노력, 훈련에 의해 완성되는 것이라고 주장하였다. 대인관계 역시 기술이다. 인간관계는 전적으로 노력에 달려 있으며, 우리는 적절한 대인관계기술을 배우고 실천하는 과정을 통해 이상적인 인간관계를 만들어나갈 수 있다. 대인관계기술은 다음과 같이 정의할 수 있다.

- 대인관계기술 : 인간관계를 성공적으로 이끌어갈 수 있는 사교적 능력

대인관계기술은 말, 행동, 마음 등 여러 가지 분야에 걸쳐 관련되어 있다. 간단하게는 인사법, 악수법, 명함교환법과 같은 비즈니스 매너가 대인관계기술에 포함된다. 세부적으로 분류하면 낯선 사람에게 다가서는 법, 처음 만났을 때 호감을 얻는 법, 헤어질 때 다시 만나고 싶은 사람이 되는 법, 자연스럽게 대화를 나누는 법, 대화 중에 공감대를 형성하는 법, 빠른 시간 내에 친근감을 형성하는 법, 나에 대해 신뢰를 형성하는 법 등이 모두 대인관계기술에 해당된다. 아울러 다른 사람의 마음의 문을 여는 법, 갈등을 예방하고 해결하는 방법도 대인관계기술의 중요한 영역이다.

이러한 대인관계기술은 사회생활을 통해 자연스럽게 습득되기도 하지만 대부분 학습과 훈련을 통해 하나씩 배워야 한다. 특히 대인관계에 어려움을 겪는 사람들을 보면 대부분 대인관계기술이 미숙한 경우가 많다. 이런 사람들은 적극적으로 대인관계기술을 배워 스스로에 대한 자신감을 회복해야 원만한 인간관계를 형성할 수 있다. 대인관계기술을 분류해보면 다음과 같이 나눠볼 수 있다.

■ 언어 기술

말 건네기 : 처음 만난 사람에게 다가가 말 붙이기
자기 공개 : 자신에 대해 알리기
대화 나누기 : 질문, 경청, 공감, 반영하기 등을 통해 대화 나누기
강화주기 : 상대방과의 관계를 강화시켜주는 표현 사용하기
부탁하기 : 상대방에게 도움을 요청하기
거절하기 : 상대방의 부탁을 적절하게 거절하기
유머 활용 : 대화 중에 유머 표현 사용하기
감정 표현 : 긍정적인 감정과 부정적인 감정 표현하기

■ 비언어 기술

표정 : 미소 및 상황에 어울리는 표정 짓기
눈 맞춤 : 상대방과 시선 교환하기
몸동작 : 손짓, 고갯짓 등 보디랭귀지 사용하기
인사 : 정중례, 목례, 악수, 명함 교환 등 인사 나누기
신체적 접촉 : 팔짱, 포옹, 어깨에 손 두르기, 등 두드려주기 등 스킨십 활용하기
공간 활용. : 적절한 거리 유지, 적당한 장소 활용하기
호의 제공 : 선물, 도움, 배려 등 호의적 행동 실천하기

이러한 언어, 비언어 대인관계기술을 인간관계의 발전 단계별로 분류해보면 다음과 같이 나눠진다.

▪ 첫째, 호감을 형성하는 기술

다른 사람을 처음 만나 첫인상이 형성될 때 호감이 형성되어야 한다. 호감이 형성되지 않으면 인간관계는 유지되기 어렵다.

▪ 둘째, 기대감을 형성하는 기술

처음 만났을 때 기대감이 형성돼야 인간관계가 발전된다. 기대감은 인간관계를 유지하고 싶게 만드는 요소다. 호감이 없어도 기대감이 형성되면 인간관계는 유지될 가능성이 높다.

▪ 셋째, 공감을 형성하는 기술

인간관계가 지속되면 그 다음으로는 공감이 형성되어야 한다. 공감은 말, 생각, 감정이 통하는 것이다.

▪ 넷째, 친밀감을 형성하는 기술

공감과 함께 친밀감이 형성되어야 인간관계가 심화된다. 친밀감은 가까운 느낌으로 유대감과 친근감의 복합적인 감정이다.

▪ 다섯째, 신뢰감을 형성하는 기술

인간관계의 발전단계에서 마지막 단계는 신뢰감 형성이다. 상호 간에 믿음이 생겨 상대방을 위해 일정한 책임과 역할을 수행하려는 마음이 신뢰감이다.

인간관계는 호감, 기대감, 공감, 친밀감, 신뢰감 형성의 순서로 발전된다. 상황에 따라서는 일부 단계가 생략되거나 순서가 뒤바뀌기도 하고 동시에 복합적으로 형성되기도 하지만 일반적인 단계는 동일하다. 다른 사람을 처음 만나면 호감과 기대감이 형성되어야 인간관계가 유지된다. 그리고 공감과 친밀감이 형성되어야 인간관계가 발전된다. 마지막으로 두 사람 사이에 신뢰감이 형성되면 장기간에 걸쳐 밀접한 관계가 지속될 수 있다. 결국 대인관계기술은 오감을 효과적으로 형성하는 기술이라 말할 수 있으며, 여기에 갈등을 예방하고 해결하는 기술이 주요내용으로 포함된다.

이러한 대인관계기술을 대인행동의 4가지 성향을 중심으로 재분류한 것이 바로 4가지 대인관계기술이다. 성공적인 인간관계를 맺으려면 좋아하기, 열기, 보조 맞추기, 주기 성향의 대인행동을 하고, 다른 사람과의 갈등을 예방·해결하려면 싫어하기, 닫기, 끌고 가기, 받기 성형에 해당되는 말과 행동을 피하면 된다. 4가지 대인관계기술만 올바로 실천하면 어떤 사람과도 원만하고 친밀한 관계를 맺을 수 있다.

사회에서 대인관계기술이 뛰어난 사람은 주변 사람들과 친밀하고 신뢰감 넘치는 인간관계를 형성할 수 있으며 다양한 분야에 좋은 인맥을 폭넓게 구축할 수 있다. 결혼식에 3천 명의 하객이 참석했다는 연예인 박경림, 그리고 "인간 복덕방"으로 불려지는 조영남 씨를 비롯하여 우리 주변에는 대인관계가 탁월한 사람들을 많이 찾아볼 수 있다. 이런 사람들은 뛰어난 친화력을 가지고 처음 만난 사람들과도 쉽게 친해지며 빠른 시간 안에 사람들을 자신의 편으로 만든다. 이처럼 성공적인 대인관계를 위해서는 다른 사람에게 스스럼없이 다가가고 쉽게 친밀감을 형성하여 상대방을 내 편으로 만들 수 있는 대인관계기술에 대해 긍정적인 관점을 가지고 적극적으로 배워야 한다.

 미국 사회학자 마이컬슨Michelson은 "대인기술은 기본적으로 학습을 통해 획득되는 것이다"라고 말했다. 만남은 인연이지만 관계는 노력이라는 사실을 명심하고 성공적인 인간관계를 구축할 수 있는 4가지 대인관계기술을 배워보자.

대인관계역량 체크리스트

대인관계기술이 뛰어난 사람은 대인관계역량이 우수하다고 생각할 수 있다. 성공적인 인간관계를 만들기 위해서는 나의 대인관계역량이 어느 수준에 있는지 점검하고 개선해보자. 아래 항목을 읽고 자신에게 해당되는 점수를 괄호 안에 적은 후 각각의 점수를 모두 합산하라.

전혀 그렇지 않다	그렇지 않다	보통이다	그렇다	매우 그렇다
2	4	6	8	10

1. 모임이나 행사에 참석하여 새로운 사람들을 만나는 것이 자연스럽다. (   )
2. 처음 만난 사람과 편안하게 대화를 나눌 수 있다. (   )
3. 처음 만난 사람에게서 "호감이 간다"는 말을 자주 듣는 편이다. (   )
4. 다른 사람들로부터 매너가 좋다는 말을 많이 듣는 편이다. (   )
5. 처음 만난 사람들과 쉽게 친해지는 편이다. (   )
6. 다른 사람들을 잘 이해하며 나에 대해 잘 이해시킬 수 있는 편이다. (   )
7. 다른 사람들로부터 고민 상담, 식사 제안, 초대 등을 많이 받는 편이다. (   )
8. 다른 사람들로부터 신뢰를 많이 받는 편이다. (   )
9. 다른 사람들과 갈등이 거의 없는 편이다. (   )
10. 다른 사람과 갈등이 생기면 슬기롭게 잘 해결하는 편이다. (   )

해설 대인관계역량이 뛰어난 사람들의 점수는 81~100점 사이에 형성된다. 직장인이나 일반적인 사람의 점수는 51~80점 사이에 해당된다. 사교성이 부족하거나 친화력이 떨어지는 사람의 점수는 50점 이하로 나타난다. 나의 대인관계역량은 몇 점에 해당되는지 알아보고 대인관계역량을 높이도록 노력해보자.

전체적으로 점수를 높이는 것이 중요하며, 그러기 위해서는 자신에게 부족한 요소가 무엇인지 파악해야 한다. 1, 2번은 자신감 및 대인관계의 적극성에 대한 항목이다. 3, 4번은 복장, 외모, 악수, 명함 교환 등 이미지 관리와 비즈니스 매너에 관한 항목이다. 5, 6번은 친밀감 형성 및 대화 스킬에 관한 항목이다. 7, 8번은 신뢰감 형성 능력에 관한 항목이다. 9, 10번은 갈등해결 능력에 관한 항목이다. 10가지 항목 중에 점수가 낮게 나오는 항목이 무엇인지 살펴보고 꾸준하게 개선해야 대인관계역량이 향상된다.

2장

4가지 중 첫째
: 좋아하기 LOVE

1

사랑 받고 싶다면 먼저 사랑하라

　이탈리아의 문학가이자 모험가이며, 희대의 바람둥이였던 카사노바의 자서전 《불멸의 유혹》에는 간단하게 여성이 자신을 사랑하도록 만드는 방법에 대해 다음과 같이 적어놓고 있다.
　"여성은 자신이 사랑받고 있으며 매우 소중한 존재라는 사실을 일깨워주는 사람과 사랑에 빠진다. 따라서 여성을 그저 진심으로 사랑하고 그 여성이 얼마나 아름다운 존재인지 일깨워주고 소중하게 대해주기만 하면 모든 여성으로부터 사랑받을 수 있다."

　카사노바의 말처럼 인간관계를 결정짓는 첫 번째 요소는 나를 좋아하는가, 아니면 싫어하는가에 달려 있다. 상대방이 나를 좋아하면 나도 호감을 갖게 되지만 상대방이 나를 싫어하면 나 역시 상대방을 싫어하는 것이 일반적인 사람의 마음이다. 조금만 주의를 기울여보면 인간관계에서 상호성의 중요성을 깨닫고 목소리를 높여 알려주려 했던 사람들을 많이 발견할 수 있다.

"사랑받고 싶다면, 다른 사람을 먼저 사랑하고 스스로 사랑스럽게 행동하라."

– 벤자민 프랭클린

"사람을 사랑하되 그가 나를 사랑하지 않거든 나의 사랑에 부족함이 없는가 살펴보라."

– 맹자

"사람은 누군가 자신에게 관심을 가져줄 때 비로소 그 사람에게 관심을 갖는다."

– 파블리우스 시루스(기원전 100년 경 로마의 시인)

위에 옮긴 말처럼 누군가의 관심과 사랑을 받고 싶으면 내가 먼저 상대방에게 관심과 사랑을 보내줘야 한다. 그것이 인간관계의 기본법칙이다. 그러나 이렇게 단순한 법칙조차 지켜지지 않는 것이 현실에서의 인간관계다. 대부분의 사람들은 관심을 받기만을 바라며, 자신을 사랑해주기만을 바란다. 먼저 다른 사람에게 관심을 갖거나 사랑하려는 노력을 기울이지 않는다. 그러면서 좋은 인맥, 좋은 관계가 만들어지기를 바라는 것은 허황된 꿈에 가깝다.

인간관계는 어디까지나 내가 상대방을 얼마나 좋아하느냐에 달려 있다. 처음 만난 두 사람이 서로를 좋아하기 시작하면 친구가 되거나 또는 연인이 된다. 친구나 연인이 되었기 때문에 서로를 좋아하는 게 아니라 서로를 좋아하기 때문에 친구나 연인이 되는 것이다. 좋은 인맥도 마찬가지다. 내가 먼저 상대방을 좋아하고, 상대방이 다시 나를 좋아하면 좋은 인맥이 형성되는 것이다. 따라서 다른 사람들과 좋은 인간관계를 만들고 싶으면 가장 먼저 할 일은 사람들을 좋아하는 일이다.

고슴도치는 고립적인 생활을 좋아하는 예민한 동물로 알려져 있다. 혼자 있는 걸 좋아하기 때문에 2마리를 함께 기르면 반드시 싸움이 일어난다. 고슴도치를 키울 때는 암수로 키우던, 동성끼리 키우던 한집에 1마리씩 따로따로 키워야 한다. 특히 암수일 경우에는 교배를 시키는 기간이 아니면 절대로 한집, 한 장소에 함께 두면 안된다. 출산 후에도 함께 있으면 암수 모두 심한 스트레스를 받아 새끼를 물어죽이기도 한다.

이렇게 폐쇄적인 고슴도치도 자기를 기르는 주인은 알아본다.

다른 사람이 만지려들면 가시를 곤두세우지만 주인이 만질 때는 주인의 냄새를 인식해 가시를 가지런히 눕힌다. 그리고 주인의 손 위에서 편안하게 잠을 자기도 한다. 고슴도치는 야행성이기 때문에 길들이기 위해서는 밤에 함께 놀아줘야 한다. 독립성이 강한 동물이라 그다지 외로움을 타지는 않지만 너무 안 놀아주면 주인의 냄새, 감각을 잃어버리고 가시를 잘 세우거나 까칠해질 수가 있다.

인간관계는 어찌보면 고슴도치 길들이기와 같다. 내가 먼저 고슴도치를 좋아하고 고슴도치가 좋아하는 행동을 취해야 한다. 사람은 누구나 고슴도치와 같은 성향을 조금씩은 가지고 있다. 혼자 있기를 좋아하고, 내면의 모습을 숨기려들며, 다른 사람과 갈등을 빚기도 하고, 때로는 자신만의 독특한 취향을 지니고 있다. 그러나 분명한 것은 자신을 좋아하는 사람에게는 가시를 세우지 않는다는 사실이다. 누군가와 좋은 관계를 원한다면 상대방을 좋아하는 행동을 보여라. 인간관계에서 좋아하기 행동은 크게 4가지 유형으로 나타난다.

- 첫째, 눈빛을 통해 호감을 표현한다.
- 둘째, 말을 통해 호감을 표현한다.
- 셋째, 스킨십을 통해 호감을 표현한다.
- 넷째, 관심과 접촉을 통해 호감을 표현한다.

2

호감 어린 눈빛으로 바라보라

좋아하기 행동의 첫 번째 유형은 우호적인 눈빛이다. 눈은 보디랭귀지에서 가장 중요한 역할을 담당한다. 학자들의 조사에 의하면 사람은 70% 이상의 정보를 눈을 통해 수집한다고 한다. 우리는 다른 사람을 만나면 눈빛을 보고 첫인상을 평가하고, 대화 중에는 눈빛을 살피며 상대방의 생각과 감정을 헤아린다. 또한 상대방의 말이 진심인지 거짓인지, 나에게 호의를 갖고 있는지, 아니면 적의를 품고 있는지를 모두 눈빛을 통해 이해한다. 한 조사결과에 의하면 사람은 90초에서 4분 정도의 시간이면 다른 사람에게 반할 수 있는데 이 때 가장 중요한 영향을 미치는 것이 눈맞춤이라고 한다.

심지어 태어난지 이틀밖에 안된 신생아도 상대방이 자신을 똑바로 쳐다보면 이를 알아챈다는 연구결과가 나왔다.

영국-이탈리아 공동 연구 팀은 생후 2~5일의 신생아에게 시선을 피한 얼굴 사진과 직시하는 다른 얼굴 사진을 보여줬다. 그 결과 각기 다른 반응이 나타났는데, 신생아들은 눈맞춤을 할 수 있는 직시 얼굴 사진을 다른 얼굴 사진보다 더 오래 보았고 시선도 똑바로 앞을 향했다고 한다.

이처럼 눈맞춤과 시선은 대인관계에서 중요한 역할을 차지한다. 따라서 우리는 다른 사람을 대할 때 눈빛에 주의를 기울여 호감 어린, 또는 사랑스런 시선으로 바라봐야 한다. 그러나 대다수의 사람들은 보통 다른 사람을 무표정한 눈빛으로 바라본다. 이는 상대방에게 무관심하거나 무시한다는 인상을 주게 되고 좋은 관계를 가로막게 된다. 미소를 지을 때도 반드시 눈이 함께 웃어야 한다. 입은 웃는데 눈이 웃지 않으면 가식적인 표정으로 보이기 쉽다. 따라서 억지미소를 만들려고 애쓰기 전에 상대방에 대한 호감을 눈빛으로 전달하는 것이 중요하다.

남녀가 이성을 유혹하기 위해 취하는 행동에 대한 학자들의 연구 결과에 의하면, 여성은 남성에게 매력적으로 보이기 위해 목선을 드러내고 환하게 웃으며 1분 이상 눈맞춤을 지속한다. 반면 남성들은 유머를 구사하려고 노력하며, 눈맞춤을 지속하고 자연스럽게 스킨십을 유도하려고 노력한다. 여기서 남녀 모두에게 공통적으로 해당되는 것은 상대방에 대한 눈맞춤이다. 어떤 눈빛이었을까? 두말할 것도 없이 상대방에 대한 호감과 애정이 어린 시선을 보내는 것이다.

　사회심리학자 아가일의 실험에 의하면 호의를 가진 사람과 멀리 떨어져 있으면 상대방에게 시선을 보내는 시간이 늘어난다고 한다. 1989년 미국의 심리학자 캘러먼과 루이스 박사는 생면부지의 남녀 48명을 큰 실험실에 들어오게 한 뒤 그중 한 그룹에게는 상대방의 눈을 2분 동안 보도록 지시하고, 다른 한 그룹에게는 별다른 지시를 하지 않았다. 이 연구에 따르면 2분 동안 낯선 상대의 눈을 바라본 남녀는 "실험 후 서로에 대해 호감이 늘었다"고 대답했다.

― 〈한겨레21〉, 정재승 카이스트 교수 칼럼에서 발췌, 2007년 5월 29일자

　실험결과로도 알 수 있듯이 눈맞춤은 상대방에 대한 호감을 전달하는 방법인 동시에 상대방의 마음을 사로잡는 도구로 많이 사용된다. 따라서 누군가와 좋은 관계를 형성하고 싶을 때는 상대방에게 호감 어린, 또는 사랑스런 눈빛을 많이 보내야 친밀한 인간관계를 형성할 수 있다. 다른 사람을 바라볼 때는 절친한 친구를 대하는 것처럼 우정 어린 눈빛으로 바라보라. 또는 사랑에 빠진 연인들처럼 애정 어린 시선으로 바라보라.

　그러나 솔직히 이는 쉽지 않은 일이다. 물론 개인적인 호감이나

애정을 품고 있는 사람에게는 굳이 시키지 않더라도 저절로 따뜻한 눈빛으로 바라보게 된다. 그러나 특별한 감정이 없는 사람들에게는 차가운, 또는 무관심한 눈빛으로 바라보는 게 일반적인 현상이다. 따라서 우리는 항상 호의적인 눈빛으로 다른 사람을 바라보려는 노력이 필요하다.

미국의 메리 케이 애쉬Mary Kay Ash는 남자들의 절반밖에 되지 않는 연봉을 받으면서 25년 동안 직장생활을 했지만 부하직원이 먼저 승진하자 사표를 내고 나와 5천 달러의 자본금으로 메리케이 코스메틱을 설립하였다. 현재 메리케이는 전 세계 30여 개국에서 170만 명의 뷰티컨설턴트들이 활동하는 세계적인 화장품 기업으로 성장하였다. 회장이 되고 난 후 메리 케이는 다음과 같은 말을 남겼다. "나는 직원들을 만날 때마다 그들의 가슴에 '나는 존중받고 싶다'라고 쓰여 있는 목걸이가 걸려 있다고 생각하고 그들을 대한다."

인간관계에서는 메리 케이가 보여준 철학과 방법을 그대로 활용하면 좋은 결과를 얻을 수 있다. 즉, 다른 사람을 만날 때마다 모든 사람의 가슴에 '나는 사랑받고 싶다', '나는 관심받고 싶다'는 목걸이가 걸려 있다고 생각하고 그들을 대하는 것이다. 그것이 바로 다른 사람을 바라보는 따뜻한 눈빛이며 애정 어린 시선이다.

"싸가지가 없다"는 말을 영어로 표현하면 "You have no respect"가 된다. 다른 사람에 대한 존중이 없는 것이 바로 싸가지가 없는 것이다. 따라서 싸가지 있는 사람이 되려면 다른 사람에게 관심과 애정을 갖고 사랑스런 시선으로 바라보는 것이 첫 번째 단계다.

지금 누군가의 사랑을 받고 싶거나 누군가를 친구로 만들고 싶으면 그 사람을 애정 어린 눈빛으로 바라보라. 만나는 모든 사람들의 가슴에 다음과 같은 목걸이가 걸려 있다는 것을 반드시 명심하라.

"나는 당신에게 호감 어린 눈빛을 받고 싶습니다."

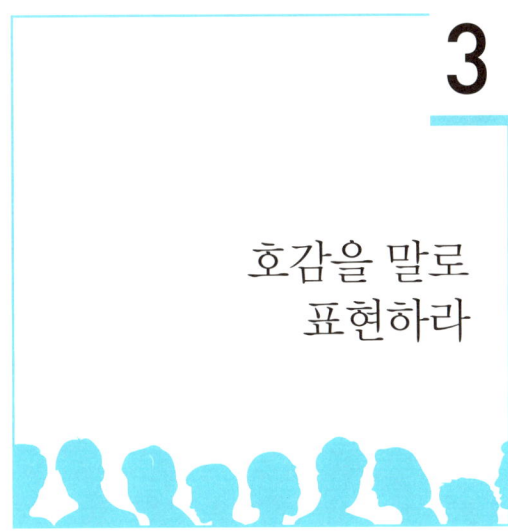

3
호감을 말로 표현하라

　좋아하기 행동의 두 번째 유형은 호감을 말로 표현하는 것이다. 세상에는 눈치 100단인 사람도 있지만 반대로 둔치 100단인 사람도 많다. 이런 사오정 같은 사람들은 아무리 호감 어린 눈빛을 보내도 전혀 알아차리지 못한다. 그리고 사람은 원래 말을 통해 확인하는 것을 좋아하며, 여성의 경우에는 특히 더 청각신호에 예민하게 반응한다.
　따라서 누군가와 좋은 관계를 형성하고 싶으면 적극적으로 호감을 말로 표현해야 한다. "표현하지 않는 사랑은 사랑이 아니다"는 말도 있듯이 부모자식은 물론 친구나 연인 사이에도 상대방에 대한 호감을 말로써 표현해주는 것은 반드시 필요한 일이다.

호감을 표현하지 않으면서 저절로 내 마음을 알아주기를 바라는 것은 불가능하고 어리석은 일이다. 특히 직장이나 사회에서 새로운 사람들과 인간관계를 형성할 때는 상대방에 대한 호감을 많이 표현해주는 것이 바람직하다. 호감을 표현하지 않고 마음속으로만 묻어두면 짝사랑처럼 나 혼자만의 호감으로 끝날 가능성이 높다.

아이돌 그룹 빅뱅의 멤버인 대성이 언젠가 방송에 출연하여 자신의 짝사랑 경험을 다음과 같이 털어놓았다.

"초등학생 때부터 중학생 때까지 짝사랑했던 여학생이 있었어요. 너무나 좋아했지만 차마 고백할 용기가 없었죠. 6년을 참다 마침내 큰 용기를 내 고백하기로 결심했어요. 그렇지만 직접 말할 자신이 없어 치밀한 계획을 세워 속마음을 전하려고 준비를 했어요. 그리고 마침내 운동장에서 축구를 하던 도중 독특한 방법으로 그 여학생에게 사랑을 고백했어요. 그러나 워낙 은밀한 고백이었던 탓에 그 여학생은 고백을 알아채지 못했죠. 할 수 없이 다음날 똑같은 방법으로 다시 한 번 고백을 했어요. 운동장에서 축구를 하던 중 공을 몰고 빠르게 지나가면서 '나 너 좋아해'라고 말하는 것이었죠. 그녀는 나를 쳐다보더니 '바보'라고 말했어요."

대성의 고백은 조금 싱겁게 끝났지만 최소한 입 밖으로 내어 표현했기 때문에 자신이 짝사랑하고 있다는 사실을 그 여학생에게 알려줄 수 있었다. 그리고 표현방법을 조금만 달리했더라면 더 좋은 친구로 발전했을지도 모르는 일이다.

남녀 간의 사랑뿐만이 아니라 세상의 모든 인간관계가 마찬가지다. 대부분의 사람들은 호감을 표현하지 않거나 적절치 못한 방법으로 서투르게 표현한다. 그렇게 되면 좋은 관계로 발전하기 어렵다. 호감은 적극적으로 표현하되 상대방과 상황에 적합한 방법으로 나타내어야 한다.

내가 운영하는 다음카페 "푸른고래를 찾아서(위대한, 그리고 따뜻한 인맥 만들기)"에는 '푸른고래 100인회'라는 소모임이 있다. 100명의 회원들이 멤버십을 가지고 서로 도움을 주고받으며 살자는 취지로 만들었는데 김블라시오 마음경영연구소장이 초대 회장을 맡고 있다.

김 소장은 그야말로 애정표현의 달인이다. 30년이 넘는 세월을 직업군인으로 복무했는데도 조금도 무뚝뚝한 말이나 행동을 찾아보기 어렵다. 항상 만나는 사람들을 살갑게 대하며 상대방에 대한 호감을 스스럼없이 표현한다. 그러면서도 온몸에 열정이 흘러넘쳐 언제나 긍정적이고 활달하게 사람을 대한다.

며칠 전 푸른고래 100인회의 운영방향에 대한 문제로 통화를 하게 되었다. 이런저런 의견을 주고받는데 몇 가지 일치하지 않는 사항이 생겼다. 더 대화를 나누다가 결국은 김블라시오 소장의 말 한마디에 모든 것을 믿고 따르기로 하였다.

"제가 얼마나 소장님을 좋아하는지 아시죠? 저는 정말로 소장님을 좋아합니다. 소장님도 저를 좋아하십니까?"

보통 사람 같으면 입 밖으로 표현하기도 쑥스럽고 물어보기도 어색한 질문이었을 텐데 너무나 자연스럽게 호감을 표현한다. 상대방이 그렇게 행동하니 나 또한 자연스럽게 대답이 나온다.

"엄청 좋아합니다. 팬이에요."

아마도 김블라시오 소장의 호감표현이 아니었다면 의견차를 좁히는 데 적잖은 시간이 소요되었을 것이다. 하지만 사소한 호감 표현 한마디로 인해 그냥 모든 것을 믿고 따르기로 결론이 났다.

이처럼 상대방에 대한 호감 표현은 인간관계를 친밀하게 만들어줄 뿐만 아니라 신뢰감을 증진시켜주기도 한다. 누구나 자신을 좋아하는 사람을 좋아한다는 사실을 잊지 말고 지속적, 반복적으로 상대방에 대한 호감을 표현해야 좋은 관계가 만들어진다. 호감 표현은 다음과 같은 방법으로 하는 것이 바람직하다.

1. 적극적으로 표현하라

《지금 사랑하지 않는 자, 모두 유죄》라는 책 제목처럼 다른 사람에게 호감을 표현하지 않는 것도 인간관계에서는 유죄라고 생각할 수 있다. 버나드 쇼는 "사람에 대한 가장 큰 죄는 무관심"이라고 말했다. 누군가와 좋은 관계를 유지하고 싶으면 적극적으로 호감을 표현하라.

2. 반복해서 표현하라

고슴도치도 자주 놀아주지 않으면 곧 주인을 잊어버리듯이 호감 표현도 자꾸 반복하지 않으면 내가 호감을 가지고 있다는 사실을 상대방이 잊어버리게 된다. 따라서 지속적, 반복적으로 호감 표현을 해야 한다.

3. 단계적으로 표현하라

호감은 상대방과의 친밀도에 따라 적절한 수준으로 표현해야 한다. 처음 보는 사람에게 만나자마자 '좋아한다', 또는 '사랑한다'는 식으로 호감을 표현하면 오히려 정반대의 효과를 가져올 수도 있다. 따라서 처음에는 관심 어린 질문을 자주 건네 호감을 나타내고, 다음에는 칭찬이나 감사, 격려의 말로써 호감을 전달하며, 마지막으로 어느 정도 친밀한 단계에 이르렀을 때 직접적인 감정을 표현하는 것이 바람직하다.

인간관계는 어디까지나 상호적이다. 내가 상대방을 좋아하면 상대방도 나를 좋아하고, 내가 상대방을 싫어하면 상대방도 나를 싫어하기 마련이다. 따라서 좋은 인맥, 좋은 인간관계를 형성하고 싶으면 상대방을 좋아하면 된다. 특히 사회생활을 하면서 다른 사람을 처음 만났을 때는 상대방에 대한 호감을 적극적으로 표현하느냐, 안 하느냐에 따라 인간관계에 차이가 발생한다. 강의를 나가 교육생, 또는 담당직원과 인사를 나눠보면 다음과 같은 2가지 유형의 말을 듣게 된다. 어떤 사람에게 더 강한 호감이 형성될 것이라 생각하는가?

A : 소장님, 정말 반갑습니다. 이렇게 직접 뵈니 얼마나 기쁘고 영광인지 모르겠습니다. 소장님 명함 한 장만 얻을 수 있겠습니까?

B : 안녕하세요. 명함 한 장만 주세요.

당연히 첫 번째 사람에게 더 강한 호감이 형성된다. 그 이유는 두말할 것 없이 나에게 적극적으로 호감을 표현해주었기 때문이다. 물론 두 번째 사람도 마음속으로는 나에게 호감을 갖고 있었을지도 모른다. 그러나 신이 아닌 이상 내가 그것을 어떻게 알겠는가? 표현하지 않는 사랑은 사랑이 아니듯이 표현하지 않는 호감도 호감이 아닌 것이다. 아쉽게도 현실에서는 많은 사람들이 호감을 잘 표현하지 않으며 결과적으로 다른 사람의 호감을 얻지도 못한다. 지금부터라도 인간관계의 상호성을 명심하고 다른 사람에게 적극적으로 호감을 표현해보라. 호감을 표현할 때는 목소리에도 주의를 기울여야 한다.

매러비언 교수의 실험에 의하면 커뮤니케이션에 영향을 주는 요소의 38%는 목소리에 달려 있는 것으로 알려졌다. 똑같은 말이라도 어떤 목소리로 표현하느냐에 따라 호감 어린 목소리가 되기도 하고 반감을 형성하기도 한다.

호감을 표현할 때는 정감 넘치는 목소리로 호감을 전달하라. 여성의 경우 애교 섞인 비음을 어떻게 활용하느냐에 따라 호감도가 달라진다. '사랑해, 좋아해, 소중해, 대단해, 감사해, 이해해, 함께해, 행복해' 같은 말은 호감을 표현하는 가장 직접적인 단어들이다. 상대방과 상황에 따라 적극적으로 사용해보라.

4

스킨십으로
친밀감을 높여라

　좋아하기 행동의 세 번째 유형은 스킨십이다. 스킨십은 신체적 접촉을 의미하며 상대방에 대한 호감과 친밀감을 나타내기 위해 가장 많이 사용되는 방법이다. 스킨십을 하면 피부의 감각이 척수를 통과해 뇌에 신호가 전달되고 옥시토신과 바소프레신의 수치가 상승한다. 이 2가지 호르몬은 안정감을 유발하고 애착과 친밀감을 높이는 것으로 알려져 있다.

　우리는 말뿐만이 아니라 다른 사람과의 스킨십을 통해 인간관계를 발전시켜 나간다. 부모는 애정을 표현하는 방법으로 아이를 안아주거나 쓰다듬어주며, 친구 사이에서는 손을 잡거나 어깨동무를 한다. 연인 사이에서는 팔짱을 끼거나 포옹, 키스, 애무 등이 이뤄지고 직장에서는 부하직원이나 동료의 어깨나 등을 두드려준다. 사회에서 낯선 사람을 처음 만났을 때는 악수를 하며, 때로는 두 손으로 상대방의 손을 잡거나, 한쪽 손을 상대방의 팔이나 어깨에 얹는 스킨십을 통해 상대방에 대한 호감을 전달한다. 이명박 대통령이 미국을 방문해 부시 전 대통령을 만나는 장면에 대한 언론보도를 보면 다음과 같은 내용이 실려 있다.

> 이명박 대통령과 조지 부시 미국 대통령이 일본 홋카이도 도야코에서 다시 만났다. 지난 4월 중순 미국 캠프 데이비드 정상회담 이후 약 3개월 만이다. 이명박 대통령과 조지 부시 대통령은 회담장에 들어서면서 서로 껴안고 등을 두드리는 등 친밀감을 과시했다.

몇 마디 인사말을 주고받으며 호감을 나타낼 수도 있었겠지만 수많은 사람들에게 서로에 대한 호감과 친밀감을 알리는 방법으로 두 사람은 스킨십을 활용한 것이다. 이처럼 스킨십은 100마디 말보다 훨씬 효과적인 작용을 한다. 누군가에게 호감을 갖고 있다고 100번 말하는 것보다 상대방과 적절한 스킨십을 한 번 시도하는 편이 더욱 강력한 효과를 발휘한다.

또한 스킨십을 자주 갖는 사람은 스트레스에 강하다는 연구결과도 있다. 스위스 취리히 대학교 비아트 딧젠 박사는 결혼을 눈앞에 둔 독일인 커플들을 대상으로 실험하였다. 연구진은 연인들이 단순히 손을 잡는 데서부터 성적 접촉까지 포함해 매주 몇 회나 스킨십을 갖는지 조사한 다음 그들의 침에서 스트레스 호르몬인 코르티솔 수치를 측정했다. 그 결과 신체적 접촉이 많은 커플은 코르티솔 수치가 상대적으로 적은 것으로 나타났다. 연구진은 "신체적 친밀감이 정신적 건강에도 도움을 준다"라며 스킨십을 자주 갖는 연인은 심지어 직장에서도 스트레스를 덜 받는 것으로 나타났다고 밝혔다.

사람들은 대인관계 속에서 매우 활발한 스킨십을 주고받는다. 실험결과에 따르면 1시간 동안 카페에서 함께 있는 경우 푸에르토리코 사람들은 평균 180회 정도, 파리 사람들은 110회 정도 신체적 접촉을 하는 것으로 조사되었다. 나라마다 지역마다 문화적 차이에 따라 신체적 접촉의 빈도에 차이가 있겠지만 스킨십이 인간관계에 중요한 영향을 끼친다는 사실은 부정할 수 없다. 따라서 누군가와 좋은 관계를 형성하고 싶으면 적절한 스킨십을 통해 상대방에게 친밀감을 전달해야 한다.

그러나 아쉽게도 우리나라는 스킨십에 익숙하거나 너그러운 문화가 아니다. 내 경우를 보더라도 마찬가지다. 딸아이가 어렸을 적에는 자연스럽게 스킨십을 나눴다. 그런데 초등학교 고학년에 올라와 신체적으로 발달하면서부터는 언제부터인지 모르게 스킨십을 피하게 되었다. 아마도 우리나라 대부분의 아빠들이 변명하듯이 무언가 쑥스럽고 징그러운(?) 듯한 기분 때문이었다. 다행히 몇 년 전부터는 그런 생각을 바꿔서 지금은 고등학교 2학년인 딸아이를 안아도 주고, 뽀뽀도 하며 자연스럽게 스킨십을 나누고 있다.

나의 부모님 역시 마찬가지다. 세상의 모든 부모들처럼 속은 따뜻하지만 겉으로는 전혀 애정표현을 할줄 모르는 분들이다. 그런 영향으로 나 또한 부모님과 스킨십을 나누려는 생각은 꿈도 꾸지 못하고 살아왔다. 다행히 인간관계에 대해 공부하고 깨달음을 얻은 후부터는 가급적 많은 스킨십을 나누려 노력하고 있다. 부모님 댁을 방문하면 어머니를 꼭 안아드리거나 손을 잡고 어루만져드린다. 그러면 말로 다 못하는 사랑과 행복감이 느껴진다. 어찌보면 가족 간의 사랑이나 행복은 별 게 아닌 듯싶다. 그저 몇 마디 말과 스킨십만으로도 서로에 대한 애정과 소중함을 충분히 느낄 수 있다. 얼마 전에는 퇴근길에 전화를 걸어 태어나서 처음으로 사랑 고백을 했다.

"어머니, 사랑합니다!"

그러자 어머니께서 곧바로 말씀하셨다.

"아들, 나도 사랑해요."

스킨십은 생각과 감정을 표현하는 가장 직접적이고 효과적인 방식이다. 인간관계에서 누군가와 좋은 관계를 형성하려면 적절한 스킨십이 이뤄지도록 노력해야 한다. 사회생활에서 가장 기본적인 스킨십은 악수다. 다른 사람을 처음 만났을 때, 헤어질 때, 헤어졌던 사람을 다시 만날 때 우리는 악수를 한다. 악수를 할 때는 악력·시간·간격의 3가지 요소에 따라 느낌이 달라진다는 것을 기억하라.

첫째, 다른 사람과 악수를 할 때는 가급적 가까운 거리를 유지한다. 문화인류학자 에드워드 홀은 《숨겨진 차원》에서 사람들은 자신을 중심으로 주위 공간을 친밀한 공간(0~60cm), 개인적 공간(60~120cm), 사회적 공간(120~330cm), 공적 공간(330cm 이상)으로 나누고, 매우 친밀한 사람에게만 친밀한 공간 안으로 들어오는 것을 허용한다고 말했다.

둘째, 적당한 악력을 주어 힘 있게 상대방의 손을 잡는다. 서양에서는 힘없이 하는 악수를 데드 피시Dead Fish 악수법이라고 하여 매우 부정적으로 평가한다.

셋째, 일반적인 악수는 2~3초 정도의 시간이 소요되는데 이보다 약간 길게 5~7초 사이 정도 악수를 나누는 것이 좋다.

이렇게 3가지 요소에 변화를 주면 형식적인 악수와의 차이점으로 인해 상대방에게 정서적 환기를 불러일으키고 관심과 호감의 표현으로 스킨십을 인지시킬 수 있다.

악수는 한 손으로 하는 것이 일반적이지만 상황에 따라서는 두 손으로 악수하는 것도 상대방에 대한 존중과 호감을 표현하기 위한 좋은 방법이 될 수 있다. 또한 모임이나 행사에서는 참석한 사람 모두와 악수하는 습관을 가져야 한다. 대부분 많은 사람들이 있으면 개별적으로 악수하지 않고 단체로 인사하는 경향이 있는데 이는 바람직하지 못한 습관이다. 다른 사람을 처음 만났을 때, 그리고 헤어질 때는 가능한 한 모든 사람들과 악수하며 스킨십을 나눌 수 있도록 노력하는 것이 바람직하다.

스킨십에는 악수 외에도 팔짱, 포옹, 키스, 어루만지기, 손 얹어 놓기, 어깨나 등 두드려주기, 잡기, 찌르기, 간지럼 태우기, 흔들기, 업어주기, 매달리기, 몸 부딪치기 등 다양한 형태의 신체적 접촉이 있다. 100마디 말보다 한 번의 스킨십이 더욱 친밀한 인간관계를 만들어준다는 사실을 잊지 말고 상대방과 상황에 따라서 적절한 신체적 접촉을 나눠보라.

5

자주 만나고
함께 시간을 보내라

좋아하기 행동의 네 번째 유형은 관심과 접촉이다. 데이비드 윌슨이라는 사람은 "두 친구가 함께 놉니다. 한 사람은 놀고 싶지 않은데 다른 사람이 놀고 싶어해서 함께 놀 때 그게 사랑입니다"라는 말을 남겼다. 누군가를 좋아하게 되면 그 사람과 함께 있고 싶어진다. 떨어져 있으면 보고 싶고, 만나면 헤어지기 싫어진다.

내가 운영하는 스터디모임 회원 중 J라는 대학생이 있는데 여자친구의 별명이 '5분만 더'라고 한다. 특이한 별명이기에 무슨 뜻인지 이유를 물어보았다. J가 설명하기를 여자친구와 데이트를 하다 헤어질 시간이 되면 "5분만 더 있다 가"라는 말을 수차례나 반복한다는 것이다. 헤어지기 싫어서 그러는 것이라 생각하고 부탁을 들어주게 되는데 그 바람에 중요한 약속에 늦어버리는 일도 생겼다고 한다. 그만 가야 한다고 몇 번을 말해도 여자친구가 J의 눈을 빤히 바라보며 "마지막으로 5분만 더"라고 말한다는 것이다. 그러면 자신도 어쩔 수 없이 5분, 10분을 더 지체하게 된다는 것이다.

푸념조로 말하는 J의 이야기를 들으며 여자친구가 "5분만 더"라고 애절하게 말하는 장면을 떠올려보았다. 풋풋한 사랑에 빠진 젊은 연인들의 모습이 마음을 따뜻하게 해주었다.

인간관계에서 두 사람 사이를 가깝게 하는 것은 서로에 대한 관심과 접촉이다. 관심과 접촉이 많으면 가까워지고 그것들이 줄어들면 인간관계는 멀어지거나 단절된다. 서양 속담에 "Out of sight, out of mind"라는 말이 있다. '눈에서 멀어지면 마음도 멀어진다'는 뜻으로 자꾸 만나지 않으면 인간관계는 소원해지기 마련이다. 그런데 이 말을 다른 관점에서 생각해보면 좋아하는 마음이 있으면 자꾸 보고 싶어서 만나게 된다는 뜻으로도 해석할 수 있다. 즉, 누군가 나를 보고 싶어하고 만나고 싶어한다는 것은 나에게 호감과 관심이 있다는 의미가 된다.

물론 사회에서는 비즈니스나 계산적인 목적으로 연락을 해오는 사람도 있기 마련이다. 그런 특수한 경우를 제외한다면 누군가가 나에게 연락을 하고 나를 만나고 싶어한다는 것은 나를 좋아하고 나와 가까워지고 싶다는 마음의 표현이다. 즉, 함께 시간을 보내는 것은 좋아하기 행동의 네 번째 유형에 해당된다. 따라서 친밀한 관계를 만들고 싶은 사람이 있다면 그 사람에게 관심과 연락, 접촉을 자주 시도해야 한다.

첫째, 관심을 가져라. "좋아하면 알게 되고, 알게 되면 보이나니 그때 보이는 것은 전과 같지 않더라"는 말이 있다. 인간관계도 마찬가지다. 누군가를 좋아하면 관심이 생기고, 관심이 생기면 알려고 노력한다. 그리고 상대방에 대해 알게 되면 그 사람은 예전과 같은 사람이 아니라 새로운 관계가 맺어진 사람으로 느껴지기 마련이다.

따라서 인간관계를 가깝게 하는 가장 빠른 방법 중에 하나는 상대방에게 깊은 관심을 보여주는 것이다. 그러나 관심은 인위적이기보다는 상대방에 대한 좋아하기 행동의 하나로써 자연스럽게 나타나야 한다. 즉, 억지로 관심을 갖는 게 아니라 상대방을 좋아하기 때문에 관심이 생겨나야 한다. 물론 이것은 쉽지 않은 일이다. 사람은 누구나 자신에게만 관심이 있기 때문이다.

그렇지만 상대방에 대한 호감도 없이 억지로 관심을 가지려고 하는 것은 실패할 확률이 높다. 실제로 나의 경험을 비춰보더라도 대부분의 사람들이 타인에게 관심을 갖지 못하는 이유는 그 사람들을 진심으로 좋아하는 마음이 없기 때문이다. 누군가를 좋아하기만 하면 관심은 저절로 생겨난다.

관심이 생기면 키, 혈액형, 몸무게, 가족사항, 고향, 학교, 직업, 취미, 꿈, 좋아하는 음식, 싫어하는 음식 등 상대방에 대한 모든 것이 궁금해지고 수많은 질문을 건네게 된다. 좋아하면 관심이 생기고, 관심이 있으면 좋아하는 게 사람이라는 점을 잊지 말고 다른 사람들에게도 관심을 가져라.

둘째, 연락을 하라. 좋아하는 사람은 항상 보고 싶어진다. 그런데 자주 만날 수 없거나 서로 떨어져 있어야만 하는 상황에서는 연락을 통해 아쉬움을 달랜다. 오랜 시간 함께 데이트를 하고나서도 헤어지자마자 연락을 주고받는다. 아침에 일어나자마자 연락을 하고 밤에 잠자리에 들어서도 연락을 한다. 전화를 하고, 문자메시지나 메일을 보내고, 때로는 정성껏 편지를 쓰기도 한다. 인터넷에 익숙한 연인 사이라면 미니홈피나 메신저를 통해 연락을 주고받는다.

연락은 가장 흔하게 볼 수 있는 좋아하기 행동의 한 유형이다. 따라서 누군가와 좋은 인간관계를 형성하려면 자주 연락을 주고받아야 한다. 연락 역시 상대방에 대한 관심과 호감의 표현이기 때문이다. 그런데 사회에서는 스팸성으로 연락을 하는 사람들이 있는데 이는 매우 잘못된 행동이다. 자신을 기억시키기 위한 목적으로 연락을 하는 것은 아무런 소용이 없다. 오히려 상대방에 대한 깊은 관심과 호감을 표현하는 것이 자신을 잊지 않도록 만드는 가장 현명한 방법이다. 아래의 문자메시지 내용을 비교해보자.

A : 잘 지내시죠? 시간되는 대로 식사 한번 해요.
B : 잘 지내시죠? 시간 내서 식사 한번 해요. 꼭 뵙고 싶습니다.
C : 잘 지내시죠? 언제든지 시간 낼 테니 연락주세요. 꼭 다시 뵙고 식사 대접하고 싶습니다.

A의 내용은 우리가 흔히 문자메시지로 받아보는 상투적이고 의례적인 인사말이다. B의 내용은 조금 더 적극적인 관심과 만나고 싶다는 의지가 느껴진다. C의 내용은 상대방에 대한 관심과 호감, 좋은 관계를 형성하고 싶다는 뜻이 강하게 전달하고 있다. 이처럼 다른 사람에게 연락을 할 때는 상대방에 대한 호감이 분명하게 표현되도록 노력해야 한다. 10번 연락을 주고받는 것이 중요한 게 아니라 한 번이라도 상대방에 대한 호감을 정확하게 전달하는 것이 중요하다.

셋째, 함께 시간을 보내라. 인간관계는 경험을 함께 하는 시간이 많을수록 친밀해지기 마련이다. 심리학에서는 단순노출의 효과라고도 이야기한다. 심리학자 제이용크의 실험에 의하면 낯선 사람의 사진을 1회, 2회, 5회, 10회, 25회 보여주고 조사한 결과 보다 많은 횟수로 노출된 사진 속 인물에게 피실험자의 호감도가 증가하는 것을 알 수 있었다.

파리에 에펠탑이 처음 건립되었을 때 그 모습이 흉물스럽고 경관을 해친다고 생각하여 철거를 주장하는 사람들이 많았다고 한다. 그러나 오랜 기간 동안 반복적으로 에펠탑을 봐오면서 자연스럽게 그 모습에 친숙해져 결국에는 반대의 목소리가 모두 사라졌다고 한다. 이를 가르켜 에펠탑 효과라고 한다.

인간관계에서도 단순노출의 효과는 친숙성을 높여 서로에 대한 친밀감을 강화시키는 것으로 알려져 있다. 사회에서 자주 하는 말 중에 "누군가와 친해지려면 식사, 목욕, 잠자리를 같이 하면 된다"는 말도 역시 똑같은 맥락으로 이해할 수 있다. 인간관계에서 친숙한 관계를 형성하려면 함께 보내는 시간이 많아야 한다. 차, 식사, 술자리를 함께 하거나, 공연 관람이나 운동 같은 취미활동을 함께 하고, 때로는 여행을 통해 더욱 친밀한 인간관계를 맺을 수도 있다.

그런데 문제는 사람들이 이런 기본법칙을 지키지 않는다는 점이다. 대다수의 사람들은 인간관계를 맺을 때 직접 만나기보다는 전화로 대신하고, 전화로 통화하기보다는 문자나 메일로 대신하려 든다. 그러나 이렇게 해서는 친숙한 관계를 형성하기 어렵다. 인간관계는 무엇보다도 대면접촉을 통해 발전된다. 10번 전화하고, 100번 문자메시지를 보내는 것보다는 한 번 직접 만나서 이야기를 나누는 것이 가장 효과적이다.

아울러 사람들은 대부분 상대방이 나와 함께 시간을 보내기 위해 얼마나 노력하는지를 놓고 자신에 대한 호감도와 친밀감의 기준으로 평가하기도 한다. 따라서 누군가와 밀접한 관계를 맺으려면 가능한 한 많은 시간을 상대방과 함께 보내야 한다. 여기서도 역시 조심해야 할 점은 좋아하기 행동의 하나로 시간을 함께 보내야 한다는 점이다. 상대방에 대한 호감 없이 단순하게 접촉빈도를 높이는 것만으로는 큰 효과를 보기 어렵다. 상대방을 보고 싶고, 함께 시간을 보내고 싶은 마음으로 만나야 한다.

지금까지 좋아하기 행동의 4가지 유형에 대해 살펴보았다. 인간관계에는 이것 외에도 여러 가지 형태의 호감을 표현하는 행동이 나타난다. 미소 또는 반가운 표정을 짓거나, 상대방의 이름을 부르거나 형님·선배님으로 호칭하거나, '우리'라는 표현을 자주 사용하거나, 몸동작을 통해 호감을 나타내거나, 자신의 물건을 나눠주거나, 도움을 주는 등 다양한 방법이 존재한다.

이런 하나하나의 방법들도 의미가 있겠지만 가장 핵심적인 본질은 '사람은 자신을 좋아하는 사람을 좋아한다'는 기본법칙이다. 인간관계에서 이 법칙을 지키기 위한 행동이라면 어떤 방법을 활용해도 상관없다. 누군가와 친밀한 관계를 맺고 싶을 때는 다음과 같은 사항을 점검하라.

1. 지금 상대방에게 좋아하기 행동을 많이 하고 있는가?
2. 지금 상대방에게 하는 행동은 좋아하기 행동에 해당되는가?
3. 앞으로 상대방에게 좋아하기 행동을 어떻게 나타낼 것인가?

3장

4가지 중 둘째
: 열기 OPEN

1

먼저 내 마음을
열어 보여라

　　몇 개월 전, 내가 사는 아파트 단지에 통합경비시스템이 설치되었다. 각 동별로 1층 입구에 자동출입문이 설치되고 그에 따라 집집마다 카드키가 지급되었다. 그리고 얼마 뒤의 일이다.

　　일요일 오후에 점심을 먹고 운동 삼아 동네 뒷산에 올랐다. 산책로를 따라 정상에 올랐다가 집으로 돌아왔다. 그런데 1층 자동출입문 앞에 와서야 카드키가 없다는 사실이 머릿속에 떠올랐다. 운동복 차림으로 나오면서 그만 깜빡 잊어버린 것이다. 잠시 아파트 입구에 서서 기다리는데 그날따라 드나드는 사람도 없었다. 가족들은 모두 외출을 나간 상태라 어떻게 하면 좋을까 고민하다가 문득

며칠 전 아들이 들려준 이야기가 떠올랐다.

"아빠, 1층 자동문 카드키 없이 여는 방법 알려드릴까요?"
"어? 그런 방법이 있어? 뭔데?"
"제 친구가 알려줬는데 #, * 누르고 0, 0, 0, 0을 누르고 다시 *, #을 누르면 저절로 열린대요."
"설마? 그러면 카드키가 아무 소용없잖아. 그리고 그 번호 아는 사람이면 아무나 다 들어올 수 있을 텐데?"
"정말이에요. 제가 직접 해봤어요."
"알았다. 아빠도 나중에 한 번 해볼게."

그러고는 까맣게 잊고 있었는데 카드키가 없어 문을 열지 못하는 상황이 되자 아들이 일러준 비법이 불현듯 생각난 것이다. 나는 자동출입문 한쪽 구석에 있는 전자제어 자물쇠에 다가갔다. 그런데 정작 문제는 아들이 일러준 특수문자와 번호가 무엇인지 기억이 나지 않는 것이었다. 몇 번이나 이런저런 번호와 특수문자를 조합하여 시도해보다가 결국에는 그냥 포기하고 말았다.

그리고도 10여 분을 더 있다가 어떤 아주머니가 안에서 나오는 덕에 간신히 문 안으로 들어갈 수 있었다. 그날 저녁, 아들에게 다시 비밀번호를 물어보고 1층으로 내려와 번호를 눌러보니 정말로 자동출입문이 열리는 것이었다. 이렇게 간단한 방법이 있는 것이 신기하기도 했지만 문을 열지 못해서 30여 분 동안이나 밖에서 기다렸다고 생각하니 억울한 마음까지 들었다. 저녁 늦게 텔레비전을 시청하는데 문득 인간관계에서도 마음의 문을 쉽게 여는 비법이 존재하는데 나만 모르고 있는 것은 아닐까 하는 생각이 들었다. 과연 마음의 문을 여는 비결은 무엇일까?

인간관계에서 가장 중요한 것 중 하나가 마음이다. 처음 만난 사람의 마음을 쉽게 열 수 있으면 친밀한 관계로 빨리 발전할 수 있다. 그러나 마음의 문을 열지 못하거나 반대로 마음의 벽이 생기면 아무리 시간이 지나도 두 사람의 관계는 가까워지기 어렵다. 마음의 문은 인간관계의 첫 단추라고 말할 수 있다.

그런데 마음은 도대체 무엇일까? 동양철학에서는 마음을 인체를 다스리는 주인과 같은 것으로 이해했다. 반면에 최근의 정신과학은 마음은 뇌의 활동에 불과하며, 고도로 정밀한 기계처럼 자극을 받으면 연쇄적으로 반응하는 메커니즘을 갖고 있을 뿐이라고 말한다. DNA를 발견한 과학자 프란시스 크릭은 "우리가 갖고 있는 즐거움과 슬픔, 소중한 기억, 포부, 자유의지 등은 실제로는 신경세포의 거대한 집합, 또는 그 신경세포들과 연관된 분자들의 작용에 불과하다"고 설명하고 있다.

어느 쪽 의견이 옳은지는 분명하지 않지만 마음이란 매우 복잡하고 이해하기 어려운 영역에 속한다는 사실만큼은 틀림없다. 그러나 성공적인 인간관계를 위해서는 반드시 마음을 이해해야 한다. 마음을 알지 못하면 다른 사람의 마음의 문을 열 수 없기 때문이다. 로렌스 던피는 "닫힌 마음은 수수께끼와 같다. 그 마음속으로는 무엇도 들어가는 법이 없다. 더 신기한 것은 아무것도 나오지 않는다는 것이다"라고 말하였다. 마음의 문이 닫히면 아무것도 드나들지 않고 결국 인간관계는 단절될 수밖에 없다. 우리는 마음을 이해할 수 있도록 많은 노력을 기울여야 한다.

마음의 정체가 무엇인지와는 별개로 인간관계에서 마음의 역할을 설명한 이론으로는 '조해리의 마음의 창(이하, 조해리의 창)'이 있다. 심리학자인 조셉 루프트 Joseph Luft 와 해리 잉햄 Harry Ingham 에 의해서 개발되었으며, 두 사람의 이름을 합성 Joe + Harry =Johari 하여 '조해리의 창'이라고 명명되었다. 조해리의 창은 사람의 마음을 네 가지로 영역으로 구분하고 있다. 이를 도표로 나타내면 다음과 같다.

	내가 알고 있는 정보	내가 모르는 정보
상대방이 알고 있는 정보	공개적 영역	맹목적 영역
상대방이 모르는 정보	숨겨진 영역	미지의 영역

첫 번째 영역은 '공개적 영역Open Area'이다. 나에 관한 정보 중에서 나도 알고 있고 다른 사람에게도 알려져 있는 영역을 의미한다.

두 번째 영역은 '숨겨진 영역Hidden Area'이다. 나는 알고 있지만 다른 사람에게는 알려지지 않은 정보를 의미한다. 공개되지 않은 과거의 경험, 잘못이나 실수, 비밀처럼 다른 사람에게 숨겨진 영역을 의미한다.

세 번째 영역은 '맹목적 영역Blind Area'이다. 특이한 말버릇, 태도, 습관, 성격과 같이 남들은 알고 있지만 자신은 인식하고 있지 못하는 나에 관한 정보를 의미한다.

네 번째 영역은 '미지의 영역Unknown Area'이다. 나도 모르고 다른 사람도 알지 못하는 영역이다.

조해리의 창은 자기공개 및 타인으로부터의 피드백 정도에 따라 각각의 영역 크기가 달라진다. 내가 자신의 모습을 타인에게 많이 알리고 타인으로부터 적극적으로 피드백을 수용할수록 공개적 영역이 넓어진다. 그리고 공개적 영역이 넓을수록 원만하고 개방적인 인간관계를 형성할 수 있게 된다.

반면에 자신의 모습을 숨기거나 타인으로부터의 피드백이 잘 이뤄지지 않으면 숨겨진 영역과 맹목적 영역이 넓어지면서 인간관계에서 소통의 단절이나 갈등의 발생이 심해진다. 마지막으로 나도 모르고 타인도 모르는 미지의 영역이 넓게 나타나는 사람은 고립적인 대인관계 속에서 심리적 장애를 겪을 가능성이 높아진다.

조해리의 창은 인간관계에서 매우 유용한 분석도구로 사용될 수 있다. 우리는 타인과의 관계 속에서 의사소통을 통해 마음을 주고받는다. 내가 얼마나 공개적 영역이 넓은지, 또는 상대방이 얼마나 자신을 공개하고 있는지에 성공적인 인간관계가 달려 있다. 따라서 다른 사람과 좋은 관계를 형성하려면 내가 먼저 마음의 문을 열고 나 자신에 대해 공개해야 한다. 아울러 상대방이 마음의 문을 열고 자신의 정보를 적극적으로 공개할 수 있도록 격려해야 한다. 이런 행동을 열기 행동이라 부르며 정반대되는 행동을 닫기 행동이라 말한다.

열기 행동은 인간관계를 촉진시키지만 닫기 행동은 인간관계의 퇴행이나 갈등을 불러온다. 따라서 내가 하는 행동이 열기 행동인지, 닫기 행동인지를 점검하면서 적극적으로 열기 행동을 많이 실천할 수 있도록 노력해야 한다.

인간관계에서 열기 행동은 다음과 같은 유형으로 나타난다.

- 첫째, 마음 열기 행동을 통해 나타난다.
- 둘째, 경청하기 행동을 통해 나타난다.
- 셋째, 공감하기 행동을 통해 나타난다.
- 넷째, 자기공개 행동을 통해 나타난다.

2

마음의 빗장을 열어라

　열기 행동의 첫 번째 유형은 빗장풀기다. 마음의 문을 열려면 먼저 마음의 빗장을 풀어야 한다. 빗장은 '문을 닫고 가로질러 잠그는 막대기나 쇠장대'를 의미한다. 사람들은 왜 마음의 빗장을 잠그는 것일까? 그리고 어떻게 하면 마음의 빗장을 풀고 문을 열 수 있을까? 아마도 여러 가지 정답이 나올 수 있을 것이다. 그러나 가장 기본적인 원리는 한 가지다.

　19세기 영국의 윌리암 홀먼 헌트라는 화가는 '등불을 든 그리스도'라는 작품을 그렸다. 한밤중에 정원에서 그리스도가 한 손에 등

불을 들고 다른 한 손으로 문을 두드리는 그림이다. 그런데 문에 손잡이가 없어서 어떤 사람은 문을 잘못 그렸다고 생각하는데, 사실은 이 그림 속의 문은 마음의 문을 의미하기 때문에 손잡이가 없다고 한다. 마찬가지로 철학자 헤겔은 "마음의 문을 여는 손잡이는 안쪽에만 달려 있다"는 명언을 남겼다.

이 말처럼 빗장을 풀고 마음의 문을 여는 일은 결국 본인 스스로밖에 할 수 없는 일이다. 다른 사람은 그저 격려와 응원을 보낼 수 있을 뿐이다. 다만 조금 더 적극적으로 노력하면 상대방이 왜 빗장을 잠그는 것인지 이해하고 그 원인을 해결해주면 마음의 문은 쉽게 열리기도 한다. 사람들이 마음에 빗장을 걸어 잠그는 이유는 다음과 같다.

첫째, 상대방에 대한 경계심 때문이다. 마음의 문은 현실의 문과 마찬가지다. 도둑이나 강도, 신분이 불확실한 사람, 나에게 피해를 주거나 귀찮게 할지도 모르는 사람에게는 대문을 열어주지 않는다. 마음의 문도 마찬가지다. 상대방이 어떤 사람인지 모르면 마음의 문을 열기 어렵다. 내가 마음의 문을 열었을 때 감정적인 상처를 받을 수도 있고 현실적인 어려움에 처할지도 모르기 때문이다.

보통 사람들은 보험이나 네트워크에 종사하는 영업사원을 만날 때 마음의 문을 닫게 되는데 이 역시 경제적 부담감에 대한 경계심이 형성되어 마음의 빗장을 걸어 잠그게 되는 것이다. 직장에서 상사의 생각과 다른 의견을 제시했을 때 불이익이 예상된다면 역시 마음의 문을 잠그게 된다.

둘째, 이해받지 못할 것이라는 두려움 때문이다. 마음의 문을 열지 못하는 또 다른 이유는 상대방으로부터 이해받지 못할 것이라는 두려움도 크게 작용한다. 조해리의 창에서 비밀의 영역은 자신의 특이한 경험, 습관, 가치관, 비밀, 내면에 관한 정보를 공개했을 경우 이상한 사람, 우스운 사람, 수준 낮은 사람, 나쁜 사람 등 부정적인 평가를 받을 수 있다는 걱정이 밀접하게 관련되어 있다.

심리학에 '페르소나Persona'라는 용어가 있다. 본래 페르소나라는 말은 고대 그리스의 연극에서 배우들이 쓰던 가면을 뜻하는 라틴어에서 유래된 말인데 정신분석학자인 융에 의해 세상에 널리 알려졌다. 진정한 자신과는 달리 다른 사람에게 투사된 성격을 뜻하는 용어로 타인에게 외면적으로 보이기를 원하는 자기 모습, 사회적 역할에 따라 변화하는 외적인 인격을 말한다.

사람은 보통 수천 개가 넘는 페르소나를 가지고 사회활동을 한다고 한다. 이처럼 사람들이 다양한 페르소나를 만드는 이유는 타인으로부터 자신의 내적 자아를 이해받지 못하고 사랑과 존경을 상실할 수 있다는 두려움 때문이다. 마음의 문을 열지 못하는 이유도 마찬가지다. 방송인 홍석천 씨의 경우에서 볼 수 있듯이 동성연애에 대해 비난과 혐오감이 가득한 사회에서는 자신의 성적취향을 공개적으로 드러내는 커밍아웃을 시도하기란 엄청난 두려움을 극복해야만 가능한 일이다.

셋째, 의미를 부여하지 못하기 때문이다. 마음의 문을 연다는 것은 자신의 내면을 알려준다는 것이다. 따라서 친밀한 인간관계가 형성되어 있지 않으면 쉽게 마음을 열기 어렵다. 또한 친밀한 관계가 형성되어 있는 사람이라 하더라도 마음의 문을 여는 행동에 특별한 의미나, 동기가 부여되지 않으면 마음의 문을 걸어 잠그게 된다.

예를 들어보면 다음과 같다. 대부분의 남편들은 직장에서 있었던 일들을 집으로 돌아와 아내에게 이야기하는 것에 대해 큰 의미를 갖지 않는다. 따라서 남편들이 흔히 표현하는 대로 '바깥일을 시시콜콜' 하게 털어놓는 사람은 많지 않은 편이다. 또한 직장에서 있었던 좋지 못한 일이나 고민사항을 아내와 대화해봐야 아무런 도움도 되지 않는다고 생각한다. 그러고는 굳게 입을 닫아버린다. 이처럼 마음을 여는 일이 무의미하거나 소용없는 행동이라는 생각이 들면 빗장을 잠그게 된다.

이외에도 마음의 빗장을 잠그는 이유에는 사람들의 무관심, 비밀이 지켜지지 않을 것이라는 불안감, 분노, 증오, 경멸이나 상대방에 대한 감정적인 상처의 잔재 등 여러 가지 원인이 있을 수 있다. 따라서 누군가의 마음의 문을 열려면 다음과 같은 빗장들을 먼저 풀어줘야 한다.

마음의 문을 열려면 첫째, 상대방에게 관심을 보여야 한다. 자신에 대해 관심이 없는 사람에게는 누구도 내면의 생각과 감정을 선뜻 공개하기 어렵다.

둘째, 상대방에게 피해가 가지 않을 것이라는 믿음과 상대방의 생각과 감정, 내적 자아의 모습을 이해하고 존중할 것이라는 확신을 줘야 한다.

셋째, 서로 마음의 문을 열고 대화하는 것에 대한 특별한 의미나 동기를 부여하고 반드시 비밀이 지켜질 것이라는 점을 알려준다. 그리고 상대방이 나로 인한 감정적인 상처를 갖고 있으면 그 부분에 대한 명확한 사과를 통해 마음의 빗장을 풀어야 한다.

넷째, 인간관계는 끈기와 인내로 마음의 문을 열어야 한다. 인간관계가 발전되려면 무엇보다 일정한 시간이 소요된다. 모르는 사람끼리 처음 만나고, 서로에 대해 알아가고, 상대방의 생각과 감정을 이해하고, 친숙해져 믿음이 형성되는 과정에는 많은 시간이 필요하다.

낯선 사람과 인간관계를 이어나갈 때는 369의 법칙을 명심해야 한다. 인간관계는 3번 정도 만나야 잊혀지지 않고, 6번 정도 만나야 마음의 문이 열리고, 9번 정도 만나야 친숙함이 느껴지기 시작한다. 이것이 인간관계의 369법칙이다.

대부분의 사람들은 이러한 단계를 이해하지 못하고 처음 만난 사람에게 몇 차례 연락과 접촉을 시도하다가 마음의 문을 열지 못하면 그대로 포기한다. 좋은 관계를 만들려면 369법칙을 명심하고 최소한 9번 이상은 꾸준하게 만남과 연락을 지속하라.

대인행동에서는 열기 행동이 매우 중요한 역할을 한다. 인간관계의 첫 번째 단추는 마음을 여는 일이라는 사실을 명심하고 누군가와 원만한 관계를 맺고 싶다면 상대방의 마음의 빗장을 먼저 풀어보라. 마음을 여는 구체적인 방법에 대해 알고 싶은 독자는 내 책 《마음을 여는 일곱 가지 주문》을 참고해주기 바란다.

마음을 여는 법 체크리스트

아래 항목을 읽고 자신에게 해당되는 내용의 괄호 안에 'V'자로 체크하라.

1. 상대방은 내가 자신에게 호의를 가지고 있다고 믿는가? ( )
2. 상대방은 내가 자신과 유사한 경험을 가지고 있다고 생각하는가? ( )
3. 상대방은 내가 자신의 생각을 충분히 이해해줄 수 있다고 생각하는가? ( )
4. 상대방은 내가 자신의 이야기를 적극적으로 경청한다고 생각하는가? ( )
5. 상대방은 내가 자신의 이야기를 듣고 도움을 줄 수 있다고 생각하는가? ( )
6. 상대방은 내가 자신의 이야기를 중요하게 생각하고 있다는 사실을 알고 있는가? ( )
7. 상대방은 내가 자신에게 마음의 문을 열어서 보여주고 있다고 믿는가? ( )
8. 상대방은 내가 자신의 이야기를 듣고 비밀을 유지할 것이라 믿는가? ( )
9. 상대방은 내가 자신의 부정적인 면을 있는 그대로 수용해줄 것이라 믿는가? ( )
10. 상대방은 나에게서 비롯된 부정적인 감정의 상처들을 모두 회복하였는가? ( )

해설 마음의 문을 여는 방법은 상대방과 상황에 따라서 각각 달라지기 때문에 10가지 항목 중에 몇 개가 해당되는가 보다는 어떤 점이 부족한 것인지 알아보기 위한 목적으로 활용되어야 한다. 즉, 누군가의 마음을 열고 싶을 때 10가지 항목 중에서 어떤 요소가 결여되어 있기 때문에 마음의 문이 열리지 않는 것인지 확인해보고 그 부분을 집중적으로 노력해야 한다.

3

호감 어린 제스처를 보이며 경청하라

    열기 행동의 두 번째 유형은 경청이다. 폴 랜킨의 커뮤니케이션 실험결과 성인들은 깨어 있는 시간의 평균 70%를 언어 커뮤니케이션에 사용하는데, 평균적으로 쓰기 9%, 읽기 16%, 말하기 30%, 듣기 45%의 비율로 시간을 사용한다는 사실을 알아냈다.

    이처럼 듣기는 커뮤니케이션 중에 가장 많은 비중을 차지하는 요소다. 그런데 사람은 대부분 자기중심적으로 생각하는 존재다. 타인보다는 자신에게 가장 큰 관심이 있으며 다른 사람이 자신에게 많은 관심을 가져주기를 바란다. 그리고 자신이 하는 말을 경청해주며, 자신의 생각과 의도, 감정을 잘 헤아려주는 사람과 친밀한 관계를 형성한다. 따라서 커뮤니케이션에서는 상대방의 이야기에 귀 기울여 경청해주는 것이 중요하다.

영국 속담에 "말을 많이 하게 되면 후회가 늘고, 말을 많이 듣게 되면 지혜가 는다"는 말이 있고, 칭기즈칸은 "내 귀가 나를 가르쳤다"는 명언을 남겼다. 경청은 성공적인 인간관계의 형성에도 도움을 주지만 삶의 지혜를 깨우치는 데도 가장 좋은 방법이다.

그러나 대화를 나누다보면 다른 사람의 말을 경청한다는 것이 무척 어렵다는 사실을 깨닫게 된다. 커뮤니케이션에 장애를 불러오는 이유에는 여러 가지가 있다. 말하는 사람의 작은 목소리나 불분명한 발음, 부적절하거나 정확하지 못한 표현, 주변의 소음, 듣는 사람의 고정관념이나 편견 등이 원활한 커뮤니케이션과 올바른 경청을 가로막는다.

이외에 경청이 어려운 가장 큰 이유는 생리적인 구조에 기인한다. 사람은 평균 1분에 150~250단어의 말을 할 수 있는데 우리의 뇌는 그보다 4배 이상 많은 정보처리능력을 가진 것으로 알려져 있다. 즉, 귀로 들어오는 정보를 처리하고도 75% 이상의 시간이 남게 됨으로 인해 우리의 주의력은 여러 가지 외부자극으로 분산된다.

반면에 우리의 눈은 1초에 5백만 가지 정보를 인식하나 정신은 단지 500가지만 인식할 수 있다. 따라서 우리 몸은 모든 외부자극을 한꺼번에 처리할 수 없기 때문에 선택적 인식 Selective Perception 이라는 방법으로 정보를 처리하게 된다. 5가지 감각기관을 통해 수

집되는 정보 중에 가장 관심 있고 흥미로운 정보만 선택적으로 받아들이고 나머지 정보는 모두 무시하게 되는 것이다.

심리학에 칵테일 파티 효과 Cocktail Party Effect라는 용어가 있다. 시끄러운 칵테일 파티에서도 누군가 자신의 이름을 부르면 쉽게 알아들을 수 있는 것처럼 자신에게 의미 있는 정보만을 선택적으로 받아들이는 현상을 말한다. 경청이 어려운 본질적인 이유는 상대방의 이야기가 나에게 관심이 있으면 저절로 경청이 되지만, 관심을 유발하지 못하면 선택적 인식의 과정에서 모두 흘려보내기 때문이다. 따라서 경청을 잘하려면 무엇보다 상대방의 이야기에 정신을 집중하려는 노력이 필요하다.

웨이크포레스트 대학교와 노스캐롤라이나 대학교 연구팀은 사람들이 듣는 작업을 진행 중일 때 뇌 속의 시야와 연관된 영역에서 뇌 활성을 어떻게 전환시키는지를 실험하였다. 그 결과 경청을 하는 동안에는 시력과 연관된 영역에서의 뇌활성이 감소된 것으로 나타났다. 또한 듣는 작업이 어렵고 복잡할수록 뇌의 시력과 연관된 영역의 활성을 청력과 연관된 부위로 전달해 집중하려고 노력하는 것으로 나타났다. 연구팀은 이 같은 결과에 대해 사람들이 음악을 들을 때 눈을 감는 이유와 동일한 현상이라고 설명했다.

연구결과에서도 볼 수 있듯이 우리의 뇌는 필요한 경우 다른 기능을 전환시키면서까지 경청에 집중하게 된다. 그러나 이런 상황은 예외적인 경우에 해당되며 일반적인 대화에서 상대방의 이야기를 경청한다는 것은 쉽지 않은 일이다. 커뮤니케이션에서 경청이 잘되려면 다음과 같은 3가지 차원에서 노력해야 한다.

첫째, 집중력을 키워라. 경청이 잘 되려면 상대방이 말하는 내용에 깊은 관심을 가지고 집중해야 한다. 상대방의 말을 표면적으로 이해하는 수준을 넘어 말하는 사람의 생각과 의도, 감정과 배경까지 헤아리며 듣는 맥락적 경청Contextual Listening을 훈련해야 한다. 대화를 나눌 때는 상대방의 이야기에 모든 의식과 감각을 집중하도록 훈련해야 한다.

둘째, 경청 스킬을 배워라. 경청은 신체기능을 통하여 이루어진다. 따라서 각 신체 부위의 적절한 활용과 다양한 몸동작을 통한 경청 스킬을 훈련해야 한다. 맥락적 경청을 위해서는 다음과 같은 내용을 실천해야 한다.

- 상대방을 향해 몸을 기울여 관심을 나타내준다.
- 상대의 이야기 내용에 적합한 표정을 취한다.
- 상대방과 눈맞춤을 갖는다.
- 상대방의 말에 고갯짓으로 반응을 보여준다.
- 상대방의 말에 손짓, 팔 동작 등 적절한 제스처를 보여준다.
- 상대방의 말에 질문, 요약, 반복, 확인, 감탄사 등 추임새를 넣는다.
- 이야기의 흐름을 끊는 불필요한 동작이나 무관심해 보이는 태도나 자세를 피한다.

셋째, 고정관념이나 편견을 버려라. 경청을 위해서는 상대방에 대한 선입견이나 상대방이 말하려는 주제에 대한 고정관념과 편견을 버려야 한다. 내 마음속에 말하는 사람에 대한 반감, 또는 부정적인 감정이 있거나 대화 주제에 대해 흑백논리, 예단, 추리하는 마음이 있으면 상대방의 말을 왜곡해서 해석하고 의사소통의 오류를 빚게 된다. 올바른 경청을 위해서는 열린 마음으로 상대방의 이야기에 귀를 기울이는 것이 중요하다.

커뮤니케이션에서 경청의 중요성에 대해서는 모든 사람들이 절대적인 공감을 나타낸다. 세계적인 자동차 판매왕 조 지라드는 "세일즈의 절반은 고객의 말을 경청하는 것"이라고 했다. 그런데도 실제 생활에서 경청이 제대로 지켜지지 않는 이유는 그만큼 다른 사람의 이야기를 집중해서 듣는 일이 어렵다는 사실을 반증해준다. 따라서 경청은 하루아침에 가능하지 않다는 사실을 먼저 인정해야 한다. 오히려 경청을 위해서는 고도의 집중력과 탁월한 대화 스킬이 필요하다는 사실을 명심하고 조금씩, 꾸준히 연습해야 한다. 처음 단계에서는 무엇보다 눈으로 경청하는 것이 중요하다.

귀는 우리가 마음대로 움직이기 힘든 신체부위에 해당된다. 반면에 눈은 우리가 생각하는 대로 조절할 수 있다. 우리말에 "눈치 빠른 사람"이라는 말이 있듯이 눈은 사람의 마음을 잘 헤아릴 수 있는 가장 좋은 경청수단이다. 따라서 다른 사람의 말을 경청할 때는 귀보다는 눈으로 경청하는 연습을 해야 한다. 상대방의 눈을 바라보고, 얼굴표정의 변화를 살피며, 상대방의 생각과 감정을 헤아려보는 것이다. 이렇게 눈으로 경청하는 것이 습관이 되면 귀로 경청하는 능력은 저절로 강화된다.

　눈맞춤 외에도 대화 중에는 고갯짓, 추임새를 훈련하라. 상대방의 이야기에 적절하게 고개를 끄덕이고 맞장구를 해 주는 연습을 계속하라. 이것이 습관이 되어야 상대방의 이야기를 경청할 수 있는 집중력이 길러진다. 경청은 마음가짐이며, 동시에 커뮤니케이션 스킬이다. 눈맞춤, 고갯짓, 추임새를 반복해서 훈련해보라.

- 효과적인 의사소통을 위한 SOFTEN 기법
    - Smile : 미소를 지어라.
    - Open Posture : 열린 자세를 취하라.
    - Forward Lean : 상대방 쪽으로 몸을 약간 기울여라.
    - Touch : 신체적 접촉을 시도하라.
    - Eye Contact : 시선을 마주쳐라.
    - Nod : 고개를 끄덕여라.

4

질문으로
공감을 표현하라

　모임을 마치고 밤늦게 집으로 돌아오던 중 아파트 단지 내에 있는 공중전화 옆을 지나게 되었다. 갑자기 전화부스 안에서 여성의 앙칼진 목소리가 들려왔다.
　"정말 내가 왜 이러는지 몰라? 내가 왜 이렇게 화내는지 모르냐고!"
　상대방이 대답을 못하고 머뭇거리는지 계속해서 신경질적인 목소리로 화를 낸다. 간간히 들리는 말로 짐작해보니 화이트데이 선물을 잊어버린 남자친구와 말다툼을 하는 것 같았다. 어떤 내용일까 조금 더 들어보려다 싱거운 기분이 들어 그냥 집으로 향했다.

그러면서 혼자 마음속으로 중얼거려보았다.

"어떤 사람인데 저렇게 마음을 몰라줄까? 참, 답답하겠다."

그런 생각과 동시에 한편에서는 그 여성에 대한 안타까운 마음이 형성되었다. 인간은 신이 아니기 때문에 다른 사람의 마음을 완벽하게 이해한다는 것은 불가능한 일이다. 내 마음을 몰라준다고 화를 낼 것이 아니라 자신의 생각과 기분을 남자친구에게 알려주려고 노력하는 편이 훨씬 좋았을 것이라 생각했다.

열기 행동의 세 번째 유형은 공감이다. 사전적 정의에 의하면 공감은 "타인의 사고(思考)나 감정을 자기의 내부로 옮겨넣어 타인의 체험과 동질(同質)의 심리적 과정을 만드는 일"이다. 약간 쉽게 설명한 정의로는 "남의 감정, 의견, 주장 따위에 대하여 자기도 그렇다고 느낌. 또는 그렇게 느끼는 기분"을 의미한다. 결국 공감은 통하는 것이다.

말하는 사람과 듣는 사람 사이에 생각과 감정이 통하는 것이 바로 공감이다. 그리고 인간관계에서 가장 좋은 사람이 바로 통하는 사람이다. 자녀의 마음을 잘 알아주는 부모, 학생의 마음을 잘 이해주는 선생님, 부하직원의 마음을 잘 헤아려주는 직장상사, 눈빛만 보고도 내 마음을 알아차리는 친구가 세상에서 가장 좋은 인맥이다. 반면에 통하지 않으면 답답하고, 그러면 인간관계가 단절되거나 서로 갈등을 빚게 된다.

이처럼 공감은 커뮤니케이션의 최종목적이자 친밀한 인간관계를 만드는 핵심요소다. 심리학자 대니얼 골먼은 사회적 리더가 되기 위해 반드시 갖춰야 할 중요한 능력으로 공감지능을 이야기했다. 그런데 사람은 어떻게 다른 사람의 생각과 감정에 공감을 할 수 있는 것일까? 여기에 관련된 몇 가지 흥미로운 실험결과가 있다.

스웨덴 웁살라 대학교의 울프 딤베리Ulf Dimberg 교수는 실험을 통해 공감현상을 증명했다. 그는 실험참가자들의 얼굴에 전자장치를 부착하고 화면을 통해 모르는 사람의 얼굴 사진을 0.5초 동안 보여주고 반응을 조사했다. 실험에 참가한 사람들에게는 화면에서 보는 표정과 상관없이 어떠한 반응도 나타내지 말고 무표정하게 있도록 요구했다.

실험 결과, 화면에 나타난 사진의 얼굴이 무표정했을 때는 실험참가자들의 얼굴에도 아무런 표정의 변화가 없었지만, 웃는 표정의 얼굴을 본 실험참가자들은 호감이나 웃음에 반응하는 근육을 움직였고, 화가 난 얼굴 표정을 본 실험참가자들은 걱정과 분노에 반응하는 근육을 움직였다고 한다.

이 실험을 통해 우리는 다른 사람들의 감정적인 표현에 즉각적으로 반응한다는 것을 알 수 있다. 게다가 앞에서의 실험과 같이 순식간에 지나가서 무엇을 보았는지도 정확하게 인지할 수 없는 짧은 시간에 반응을 나타내고 공감을 형성한다는 것이다.

이탈리아 파르마 대학교 생리학연구소 소장인 신경과학자 자코모 리촐라티Giacomo Rizzolatti 박사 연구팀은 원숭이 뇌 속의 행동뉴런에 전극을 꽂아 활동을 모니터할 수 있는 실험방법을 개발했다. 원숭이가 접시 위의 땅콩을 집으려하자 특정 뉴런이 반응했다. 그런데 갑자기 예상치 못한 현상이 나타났다. 우연히 실험자가 땅콩을 집었는데 이를 지켜보던 원숭이의 뇌에서 동일한 뉴런이 활동했던 것이다. 자코모 리촐라티 박사는 이렇게 다른 사람의 행동을 보기만 해도 자신이 똑같은 행동을 하는 것처럼 공감을 불러일으키는 역할을 하는 세포가 인간의 뇌 속에 있다고 주장하고 그것을 '거울뉴런'이라고 불렀다.

- 〈서울신문〉, 홍지민 기자, 2009년 3월 16일자

거울뉴런은 다른 사람들의 행동을 보는 것만으로도 자신이 그런 행동을 할 때와 똑같이 반응하는 신경세포다. 다른 사람이 웃거나 우는 모습을 볼 때 거울뉴런은 우리 자신의 얼굴이 웃거나 우는 것처럼 반응한다. 심지어 다른 사람이 하품을 할 때 무의식적으로 따라하게 되는 것도 거울뉴런의 반응 때문이라고 한다. 이처럼 인간관계에서 타인에 대한 감정이입과 공감이 가능한 것은 거울뉴런의 존재 때문이다.

그런데 우리는 왜 어떤 사람에게는 공감을 잘하고, 어떤 사람에

게는 공감을 잘하지 못하는 것일까? 미국 텍사스 대학교 사회심리학자 윌리엄 이케스 교수는 《마음읽기 - 공감과 이해의 심리학》이라는 책에서 공감능력에 대해 기술했다. 이케스 교수에 따르면 다른 사람의 생각과 감정을 얼마나 정확하게 추측하는지를 나타내는 정도를 '공감정확도 Empathic Accuracy'라고 하는데 공감정확도에 결정적인 기여를 하는 것은 상대방에 대한 '사전정보의 양'이라고 한다. 특히 외면적인 관찰보다는 내면에서 나오는 정보를 많이 알고 있어야 공감이 가능하다고 주장하였다.

흔히 오래된 친구나 직장동료, 부부 같은 관계에서는 서로에 대해 알고 있는 정보가 많기 때문에 공감정확도가 높을 것이라 생각할 수 있다. 그런데 이런 생각과는 반대로 오랜 기간 함께 생활한 부부들의 공감정확도가 일반적인 대인관계보다 더 낮다는 실험결과가 발표되었다.

뉴질랜드의 심리학자 지오프 토머스는 뉴질랜드 캔터베리 지역에 살고 있는 부부들을 초청해 대화를 나누게 하고 그 과정을 녹화했다. 그 결과, 결혼 기간이 길수록 공감정확도가 떨어진다는 사실을 발견했다. 결혼생활을 오래한 부부들은 최근에 결혼한 부부들보다 상대방의 생각과 감정을 정확하게 추측하지 못했다. 사회심리학자 클리퍼스 스웬슨은 1981년 발표한 논문에서 결혼한 지 오래된 부부일수록 서로를 더 모르며, 서로의 감정이나 태도, 그리고 좋아하는 것과 싫어하는 것을 예측하는 정도가 더 떨어진다고 보고했다.

이런 현상이 벌어지는 이유에 대해 심리학자들은 다음과 같이 설명하고 있다. 오래된 부부들은 상대방의 생각과 감정을 진정으로 헤아리려 노력하기보다는 상대방에 대한 고정관념에 근거해 잘못 이해하게 된다. 결혼생활이 지속되면서 부부는 계속 변하지만 상호 간에 의사소통은 점점 줄어든다. 결국 상대방에 대한 정확한 정보의 양은 줄어들고 결혼 초기에 형성된 고정관념에 따라 상대방을 이해한다는 것이다.

이처럼 부부 간에는 서로에 대한 고정관념이 공감형성을 가로막는 가장 큰 장애요소가 된다. 반면에 이와는 다르게 일반적인 대인관계에서는 상대방에 대한 사전정보의 부족이 공감형성을 방해하는 가장 큰 문제점이다. 특히 말하는 사람의 내면에 감춰져 있는 은밀한 개인적 정보들을 알지 못하는 상태에서 상대방의 생각과 감정을 온전히 공감하기란 불가능에 가까운 일이다. 게다가 사람은 대부분 자기중심적인 존재여서 타인의 말과 행동을 적극적으로 관찰하여 상대방을 이해하려는 노력을 게을리하거나 회피하기 마련이다.

이런 원인들을 방치하여 공감정확도가 떨어지면, 즉 상호 간에 공감이 잘 이뤄지지 않으면 원만하고 밀접한 인간관계를 형성하기 어렵다. 공감은 인간관계를 가깝게 만들어준다. 우리는 자신의 생각과 감정을 잘 이해하고 공감해주는 사람과 친밀한 관계로 발전한다. 그러나 다른 사람의 생각과 감정을 이해한다는 것은 결코 쉽지 않은 일이다. 특히 말과 행동을 통해 표면적으로 드러나는 감정은 일정 부분 파악할 수 있지만, 겉으로 표현하지 않고 마음속에 감추고 있는 감정은 공감은커녕 인지하기조차 힘들다. 따라서 공감을 잘 하려면 다음과 같은 노력을 기울여야 한다.

첫째, 상대방이 처해 있는 상황과 입장을 나의 것으로 동일시해 본다. 동일시란 타인을 자기의 대신이라고 보는 경우로써, 자기를 영화나 드라마 속의 인물처럼 느끼거나 문학작품 속의 주인공처럼 생각하는 것을 말한다.

런던 대학교 신경학연구소의 타니아 싱어 박사 팀은 자신의 연인이 고통받는다는 사실을 아는 것만으로도 뇌의 고통 관련 부위가 반응한다는 점을 밝혀냈다. 연인 관계인 남녀 한 쌍을 같은 방에 두고 1초간의 전기충격을 남성의 손등에 가하면서 상대 여성의 뇌를 관찰했다. 실험 결과 남성이 고통스러운 충격을 받으면 여성의 뇌는 자신이 고통 받을 때와 똑같은 부위가 활발하게 반응을 일으켰다. 단순히 연인의 고통을 보는 것만으로 여성은 감정이입의 반응을 일으켰던 것이다.

또 다른 연구결과에 의하면 18개월 이하의 아기들은 자신의 엄마가 울거나 우는 척만 해도 매우 슬퍼한다고 한다. 그래서 자신이 가진 장난감을 주며 엄마를 위로한다고 한다. 이런 상태를 심리학에서는 '동일시 감정이입'이라 말한다. 타인을 자신과 동일하게 생각하고 상대방의 감정을 함께 느끼는 것이다. 아쉽게도 아기들이 18개월 이상 성장하면 동일시 감정이입이 잘 나타나지 않는다고 한다.

과학자들의 연구결과에 의하면 감정이입이 천성적으로 잘되는 사람은 다른 사람의 버릇, 자세, 얼굴표정을 자동적·무의식적으로 모방하는 것으로 알려졌는데 이를 '카멜레온 효과'라고 한다. 인간관계에서 공감이 잘되려면 타인과 자신을 동일시하고 그 사람의 감정을 자신의 감정으로 이입시켜서 느껴야 한다. 상대방과 자신을 동일시하는 연습을 통해 우리는 타인의 감정을 보다 정확하게 공감할 수 있다.

둘째, 다양한 감정의 종류에 대해 알아두면 감정이입 및 공감형성에 도움이 된다. 우리가 느끼는 감정에는 사랑, 애정, 기쁨, 행복감, 자긍심, 안도감 등의 긍정적인 감정과 분노, 불안, 공포, 시기심, 질투심, 수치심, 죄책감, 경멸, 혐오감, 슬픔, 고독, 실망, 증오, 원망, 자책, 후회 등으로 표현되는 부정적인 감정이 있다. 다른 사람과 대화를 나눌 때는 긍정적, 부정적 감정들의 유형을 생각해보면서 상대방의 마음속에 어떤 감정이 자리 잡고 있는 것인지를 헤아려라. 그리고 상대방이 느끼고 있는 감정을 함께 공감해본다.

셋째, 공감을 잘하려면 상대방의 생각과 의도, 처해 있는 상황과 배경 등에 대해 가능한 많은 정보를 수집할 필요가 있다. 특히 친밀한 관계일수록 상대방에 대한 고정관념을 버리고 내면의 정보를 수집하기 위한 노력을 기울여야 한다. 대화를 통해 관심과 질문을 건네고 상대방의 기분과 감정을 파악하는 데 도움이 되는 정보를 얼마나 많이 수집하느냐가 공감형성의 관건이다. 일반적으로 다음과 같은 질문들을 활용하는 것이 바람직하다.

- 무슨 일이 있었습니까?
- 어떻게 말(행동)을 했습니까?
- 어떤 기분(생각, 감정)이 드십니까?
- 왜 그런 기분(생각, 감정)이 드십니까?
- 무엇을, 어떻게 말(행동)하고 싶습니까?

공감은 상대방의 주파수에 내 주파수를 맞추려는 노력이 필수적이다. 상대방의 상황과 입장을 나의 것으로 동일시하여 생각해보고, 상대방의 감정을 나의 감정으로 이입해야 한다. 무엇보다 상대방의 내면적 정보를 많이 수집하는 것이 필요하다. 만약 그런 노력이 뒷받침되지 않으면 상대방에 대한 고정관념으로 오해를 하거나, 사전정보의 부족으로 공감형성에 실패할 가능성이 높아진다. 대인관계에서는 충분한 대화와 질문으로 상대방에 대한 사전정보를 최대한 많이 수집하여야 한다.

다른 사람과 대화할 때는 114법칙을 활용하라. 114법칙이란 내 이야기를 1분 정도 하면 상대방에게 1분 정도 질문을 건네고 상대방의 이야기를 4분 정도 듣는 것이다. 그렇지만 114법칙을 너무 엄격하게 도식적으로 적용할 필요는 없다. 114법칙의 근본적인 의미는 자기공개, 질문, 경청의 3가지 요소가 적절하게 포함되어야 좋은 대화가 이루어진다는 뜻이다. 상대방의 마음을 열기 위해 먼저 나에 대해 이야기하고, 상대방이 자신 있게 말할 수 있는 주제에 대해 질문하고, 상대방의 이야기를 적극적으로 공감하면 좋은 관계가 형성될 수 있다. 공감하고 싶으면 적극적으로 질문을 건네라. 질문하는 것이 곧 공감이다.

공감능력 체크리스트

인간관계는 커뮤니케이션 관계이며, 커뮤니케이션의 핵심은 공감형성이다. 다른 사람의 생각과 감정을 잘 헤아릴 수 있는 사람은 친밀한 관계를 쉽게 형성할 수 있다. 나의 공감능력은 어느 정도인지 알아보자. 아래 항목 중에서 자신에게 해당되는 내용의 괄호 안에 'V'자로 체크하라.

1. 대화를 할 때 상대방의 이야기에 주의를 기울여 집중한다. (   )
2. 대화를 할 때 상대방의 입장과 관점에서 이해한다. (   )
3. 상대방의 말의 이면에 깔려있는 생각, 감정을 포착한다. (   )
4. 지속적인 눈맞춤을 통해 상대방의 생각, 감정을 헤아린다. (   )
5. 가능한 한 많은 고갯짓을 통해 상대방의 말에 적극적인 반응을 보여준다. (   )
6. 몸 기울이기, 손짓, 팔짓 등을 통해 적극적인 반응을 보여준다. (   )
7. 적절한 스킨십을 통해 친밀감을 형성하며 상대방의 말을 촉진한다. (   )
8. 추임새(맞장구, 장단)를 통해 상대방의 말에 적극적인 반응을 보여준다. (   )
9. 요약, 부연, 질문을 통해 상대방의 말에 대해 능동적인 반응을 보여준다. (   )
10. 상대방의 생각, 감정을 이해하거나 지지한다는 뜻을 적극적으로 알려준다. (   )

해설 7개 이상의 항목에 해당되면 대부분의 사람들과 높은 공감대를 형성할 수 있다. 여기에 해당되는 사람은 9, 10번 항목에 해당되는 '반응하기'에 조금 더 노력을 기울이면 더욱 강한 공감을 형성할 수 있다. 4~6개 사이의 항목이 해당되면 약한 공감대를 형성할 수 있다. 여기에 해당되는 사람은 4번~8번 항목에 해당되는 공감형성의 기술들을 연습해야 한다. 3개 이하의 항목만 해당되면 공감대를 형성할 수 있는 능력이 미약하다고 생각할 수 있다. 여기에 해당되는 사람은 1~3번 항목을 참고로 커뮤니케이션에서 가장 중요한 것은 공감형성이라는 사실을 인식하는 것이 우선적인 과제다.

5

자기공개를 통해 상대와 교감하라

"열 길 물속은 알아도 한 길 사람 마음속은 모른다(水深可知 人心難知)"는 말이 있다. 타인의 마음을 알기란 참으로 어려운 일이다. 본래 사람의 마음이 아침저녁으로 쉽게 변하는 까닭도 있지만 가장 큰 이유는 자신의 마음을 감추고 다른 사람들에게 보여주지 않기 때문이다. 앞에서도 말한 것처럼 마음의 문에 빗장을 걸어 잠그는 것이다. 그러나 조해리의 창을 통해 알 수 있듯이 대인관계에서는 나도 알고 상대방도 알고 있는 공개적 영역이 넓어야 원만한 인간관계가 형성될 수 있다.

따라서 누군가와 좋은 관계를 형성하려면 상대방의 마음을 열기 위한 노력과 동시에 내 마음의 문도 활짝 열고 상대방에게 보여주려 노력해야 한다. 만약 그런 노력이 부족하면 사회에서 흔히 표현하는 "그 사람은 속을 모르겠어"라는 평가를 받게 되고 다른 사람들과의 밀접한 관계를 가로막는 장애물이 되기 때문이다.

우리는 누군가와 관계를 맺을 때 대화를 통해 서로를 알고, 이해하고, 친숙해지며, 신뢰감을 갖게 되는 몇 가지 단계를 거치게 된다. 이런 과정에는 두 사람 사이의 상호작용이 필요하며 어느 한쪽의 노력만으로는 불가능하다. 한 사람이 자신의 내면의 모습을 공개하면 다른 한 사람도 그에 상응하는 수준으로 자신에 대해 공개해야 친밀한 관계로 발전될 수 있다.

이처럼 자신의 내면의 모습을 알려주는 것을 '자기공개Self-disclosure'라 부른다. 자기공개라는 용어는 1950년대 심리학자 쥬라드Jourard에 의해 사용되기 시작하였는데 1973년에는 코즈비Cozby가 "자기공개란 한 사람이 다른 사람에게 언어로 전달한 자기 자신에 관한 정보"라고 정의하였다. 이외에 여러 학자들의 견해를 종합해 보면 자기공개란 '자기 자신의 생각과 감정을 있는 그대로 솔직하게 말하는 것'이라고 말할 수 있다.

일반적으로 자기공개에는 '상호성 효과Reciprocity Effect'가 존재하는 것으로 알려져 있다. 상호성 효과란 어느 한쪽이 자기공개의 수준을 높이면 상대방의 자기공개 수준도 함께 올라가는 것을 의미한다. 또한 자기공개는 호감, 래포Rapport, 신뢰감 형성에도 많은 도움을 주는 것으로 조사되었다. 따라서 적절한 자기공개는 친밀한 인간관계를 형성하기 위해 꼭 필요한 요소이자 대인관계기술이다.

자기공개는 다양한 수준으로 나타나는데 서울대 박성수 교수는 자기공개를 5가지 단계로 구분하였다.

- **수준 1** : 의사소통자는 자신의 감정, 사고, 행동, 경험에 관한 정보 공개를 적극적으로 회피하려고 한다. 부득이 공개할 경우에는 상대방의 요구와 관심을 존중하지 않고 오직 자신의 요구에 의해서 의사소통하여 상대방에게 파괴적인 영향을 끼친다.

- **수준 2** : 의사소통자는 자신의 감정, 사고, 행동, 경험에 관한 정보 공개를 적극적으로 회피하려고 하지는 않지만 결코 자진해서 자기공개를 하지는 않는다. 상대방의 질문에 의해서 소극적인 태도로 자기공개를 하는데, 상대방이 구체적으로 질문한 것 이상의 정보는 제공하지 않는다. 이때 간단하고 모호한 피상적인 정보만을 제공한다.

- **수준 3** : 의사소통자는 상대방의 요구와 관심을 존중하며 자신의 감정, 사고, 행동, 경험에 관한 정보를 자진해서 상대방에게 제공한다. 이때 제공되는 정보는 충분히 구체적이고 명료하지 못하여 의사소통자의 독특한 개성을 분명하게 드러내지는 못한다.

- **수준 4** : 의사소통자는 상대방의 요구와 관심을 존중하며 감정,

행동, 경험에 관한 정보를 자유롭고 자발적으로 상대방에게 제공하다. 이때 제공되는 정보는 충분히 구체적이고 명료하여 의사소통자 자신의 독특한 개성을 분명하게 드러낸다.

- **수준 5** : 의사소통자는 상대방의 요구와 관심을 존중하여 자신의 감정, 행동, 경험에 관한 극히 사적인 정보까지도 아무 거리낌없이 상대방에게 공개한다. 이때 제공되는 정보는 대단히 구체적이고 명료하며 상세하다. 이를 통하여 의사소통자는 상대방과 신뢰관계를 형성하고 상대방의 자기탐색을 촉진하게 된다.

인간관계는 자기공개의 수준에 따라 방향과 속도가 결정된다. 적절한 자기공개는 관계를 심화시키지만 자기공개의 회피나 거부는 두 사람의 관계에 보이지 않는 장벽을 만들게 된다. 따라서 처음 만난 사람은 물론 기존에 알고 지내는 주변 사람들에게 자신에 관한 정보를 단계적으로 알려줄 필요가 있다. 그리고 자기공개를 너무 안하는 것도 문제지만 반대로 잘 모르는 낯선 사람에게 자기공개를 과도하게 할 경우 불필요한 오해나 부정적인 이미지를 형성할 수도 있다.

자기공개는 어디까지나 상대방과의 관계와 제반 상황을 고려하여 올바른 수준과 방법으로 이뤄져야 한다. 특히 다음과 같은 내면의 정보에 관한 자기공개는 인간적인 매력과 친밀감을 형성할 수 있기 때문에 적극적으로 시도하는 것이 바람직하다.

- **약점(결점)** : 자신의 약점이나 결점을 있는 그대로 드러내면 인간적인 매력을 형성할 수 있다. 특히 지위가 높은 사람일수록 그 효과가 강력해진다.

- **실수담** : 자신이 실수한 경험을 이야기하면 인간적인 매력과 친밀감 형성에 도움이 된다.

- **특이한 습관, 취향** : 잠버릇, 식습관 등 자신의 특이한 버릇이나 습관을 밝히면 친밀감 형성에 도움이 된다.

- **비밀** : 알려지지 않은 자신의 비밀을 털어놓으면 유대감이 형성되고 친밀감을 높여준다.

- **인간적인 갈등이나 고민** : 가족관계, 직장생활, 꿈, 생리적 욕구 등 인간적인 갈등이나 고민을 이야기하면 친밀감을 형성시켜준다.

사람들은 잘난 사람보다는 약간 부족한 사람을 좋아한다. 아무런 약점도 없는 사람보다는 1~2가지 결점이 있는 사람에게 더 강한 친밀감을 갖는다. 따라서 다른 사람의 마음을 얻으려면 자신의 약점, 습관, 고민, 갈등을 진솔하게 털어놓는 것이 호감과 친밀감을 얻는 길이다. 그럼에도 불구하고 대부분의 사람들은 마음의 벽을 쌓고 살아가며, 타인에게 마음의 문을 여는 것을 두려워한다. 따라서 자기공개는 많은 노력과 훈련이 있어야 자연스럽게 이뤄질 수 있다.

  자기공개는 내 마음의 벽을 허물고 내가 먼저 마음의 문을 여는 일이라는 사실을 기억하자. 가족, 친구, 직장 사람들, 사회에서 만나는 모든 사람들에게 내 마음 속을 보여줘라. 그것이 다른 사람의 마음의 문을 여는 방법이며 친밀한 인간관계를 만들어주는 비결이다.

4장

4가지 중 셋째
: 보조 맞추기
PACING

1

끌고 가지 말고
함께 가라

　군대에서 행동이 느리거나 실수가 많은 사람을 놀리는 말로 '고문관'이라는 표현이 있다. 원래 이 말은 미군정 시절에 파견 나온 미국 고문관(顧問官)들이 한국어를 못하고 어수룩하게 행동했던 데서 유래했다고 전해진다. 군대에서 놀림조로 부르는 고문관에는 여러 가지 유형이 있는데 가장 대표적인 것이 방향전환을 잘 못하는 것이다. 고문관은 우향우를 시키면 좌향좌를 하고 좌향좌를 시키면 우향우를 한다. 예전에 TV를 보면 심형래 씨가 방송에 출연하여 비슷한 행동으로 코디미를 하곤 했는데 바로 고문관을 흉내낸 것이다.

고문관의 또 다른 특징은 발걸음을 잘 못 맞추는 것이다. 군대에서 행진을 할 때는 모든 사람이 일사불란하게 보조를 맞춰야 한다. 그런데 고문관은 다른 사람들이 오른발을 내밀 때 왼발이 나가고 왼발을 내밀 때 오른발이 나간다. 다른 사람보다 한 박자 빠르거나 한 박자 늦게 행동하는 것이다.

미국의 사상가 겸 문학가인 헨리 데이비드 소로Henry David Thoreau는 "보조를 맞추어 걷지 못하는 사람이 있다면 그것은 그가 자기만의 북소리를 듣기 때문이다"라고 말했다. 고문관은 자기만의 북소리에 따라 행동하기 때문에 보조를 맞추지 못하는 것이며, 결국 행진의 대오를 흐트러지게 만든다.

그런데 우리는 군대뿐만이 아니라 사회에서도 이런 고문관들을 쉽게 찾아볼 수 있다. 많은 사람들이 인간관계에서 보조를 맞추지 않고 자신만의 북소리에 따라 행진한다. 다른 사람이 따라오건 말건 자신만의 페이스로 걸어간다.

그러나 인간관계는 2인3각 경기처럼 두 사람이 서로 한쪽 다리를 묶고 달리는 것이다. 목적지를 향해 가려면 한 번은 서로 묶여 있는 발을 내딛고, 다음 번은 묶여 있지 않은 다른 발을 내딛어야 한다. 만약 상대방과 발걸음을 맞추지 않고 자기 마음대로 걸으려 하면 곧바로 쓰러지게 되어 있다. 2인3각 경기의 승부는 두 사람이 얼마나 발걸음을 잘 맞추느냐에 달려 있다. 인간관계의 성패도 상대방과 얼마나 보조를 잘 맞추느냐에 따라 결정된다. 아울러 보조 맞추기는 인간관계에서 협동심과 신뢰감을 강화시켜준다.

미국 스탠퍼드 대학교 조직행동학자 스콧 윌터머스는 〈심리과학 Psychological Science〉(2009년 1월호)에 여러 사람이 동시에 행동할 때 발생하는 '신체적 동시성Physical Synchrony'이 집단의 결속을 강화하여 협동심을 증대시킨다는 연구결과를 발표했다.

윌터머스는 실험대상자들을 신체적 동시성이 각각 다르게 나타나는 4집단으로 나누었다. 전체 실험 대상자는 모두 플라스틱 컵을 만지면서 음악을 들었다. 첫 번째 집단은 컵을 탁자 위에 올려놓고 노래만 들었다. 이를테면 노래도 하지 않고 움직이지도 않았다. 두 번째 집단은 컵을 움직이지 않고 노래만 했다. 세 번째 집단은 노래를 부르며 곡조에 맞추어 컵을 함께 움직였다. 동시에 노래하고 움직인 셈이다. 네 번째 집단은 제멋대로 노래하고 컵을 아무렇게나 움직였다.

실험 대상자에게 집단 내에서 다른 구성원에게 어떤 느낌을 받았으며 그들을 얼마나 신뢰하고 동질감을 느꼈는지 질문한 결과 신체적 동시성이 발생하는 두 번째와 세 번째 집단에서 다른 집단보다 협동심이 높게 나타난 것으로 밝혀졌다.

보조 맞추기는 'NLP이론'에서 래포 형성을 위한 중요한 기법이다. NLP는 1970년 중반에 임상학자이며 정보 전문가인 벤들러R.Bandler와 언어학 교수인 그린더J.Grinder에 의해 개발되었는데 '신경언어 프로그래밍Neuro-linguistic Programming'을 의미한다. NLP에서는 모든 컴퓨터에 윈도우 같은 운영 소프트웨어가 있듯이 사람에게도 자신의 두뇌^{Brain}를 움직이는 심리적인 운영체계가 있는 것으로 이해한다. 두뇌는 신경세포^{Neuro}로 구성되어 있으며 두뇌의 하드웨어를 움직이는 도구가 언어^{Linguistic}다. 따라서 두뇌를 언어적인 도구로 제어하는 기술^{Programming}이 NLP의 핵심이라고 설명할 수 있다.

NLP에서 보조 맞추기는 광범위한 개념으로 나타나고 있는데 상징적인 의미로는 상대방과 같은 속도로 걸어가는 것을 의미한다. NLP에서 이야기하는 보조 맞추기의 방법에는 다음과 같은 것들이 있다.

- 일치하기 Matching

일치하기란 상대방과 똑같은 자세, 몸짓, 동작을 취하는 것을 말한다. 상대방이 팔짱을 끼면 나도 팔짱을 끼고 상대방이 몸을 앞으로 기울이면 나도 따라서 기울이는 것이다. 또한 상대방이 말하는 목소리의 톤, 빠르기, 억양 등도 일치시킨다.

- 반영하기 Mirroring

반영하기란 상대방과 똑같은 자세, 몸짓, 동작을 취하되 거울과 같이 반응하는 것이다. 상대방이 오른손을 들면 나는 왼손을 들고, 상대방이 왼쪽으로 고개를 살짝 돌리면 나는 오른쪽으로 고개를 돌리는 것이다.

■ **되묻기** Backtracking

되묻기는 상대방이 말한 내용 중에서 중요한 부분을 반복해 말해주는 것이다. "지난 일요일 정동진에 갔었는데, 참 즐거웠어요"라는 말을 들으면 "정동진에 갔었다니 정말 좋았겠네요"처럼 말하는 것이다.

이처럼 일치하기, 반영하기, 되묻기 등을 활용한 보조 맞추기는 래포 형성을 통해 친밀한 인간관계를 구축하는 데 다소 간의 도움을 줄 수 있을 것이다. 그러나 진정한 보조 맞추기는 단순한 자세, 몸짓, 동작을 흉내 내는 것만을 의미하지 않는다. 본질적인 의미에서의 보조 맞추기는 타인의 말과 행동·취향을 수용하는 것, 타인의 상황과 입장을 이해하는 것, 타인의 신념과 가치관을 인정하는 것, 타인의 인격과 감정을 존중하는 것이다.

일방적인 무시나 강제, 물리적 위협이나 압박의 방법으로 상대방을 자신의 뜻대로 통제하려는 '끌고 가기'가 아니라 인정과 양보, 설득과 인내를 통해 상대방과의 인간관계를 2인3각 경기처럼 보조를 맞추어 이끌어가는 것을 의미한다.

다시 한번 요약하면 보조 맞추기는 상대방의 생각과 감정, 입장과 상황을 인정하며 내가 수용할 수 있는 부분은 양보하되, 절충이 필요한 부분은 인내와 끈기로 상대방을 설득시켜 나가는 것이다. 먼저 앞질러가는 것도 아니고 뒤쳐져가는 것도 아니며, 상대방의 발걸음에 보조를 맞추는 것이다.

인간관계에서 대인행동이 나타날 때 보조 맞추기 행동을 잘하는 사람이 있는가 하면 반대로 끌고 가기 행동을 많이 하는 사람이 있다. 학자들은 지배-복종의 성향을 기준으로 대인행동을 구분하는데, 타인의 행동을 자신의 뜻대로 통제하려는 정도를 기준으로 지배적인 성향이 강한 사람과 복종적인 성향이 강한 사람으로 나눈다. 인간관계를 할 때 지배적인 성향이 강한 사람이 부정적인 태도를 취하게 되면 상대방에 대한 무시, 회피, 거부, 반대, 통제, 저항 등의 대인행동이 나타나게 된다. 결국 보조 맞추기는 자신의 대인행동에서 지배적인 성향을 줄이고 협력적인 대인행동을 나타내려는 노력이다.

초등학교 동요 중에 〈어린이 행진곡〉이라는 노래가 있다. "발맞추어 나가자~ 앞으로 가자~어깨동무하고 가자~ 앞으로 가자~"라는 내용의 가사다. 노래를 할 때 박자를 잘 맞추지 못하는 사람을 음치라고 부른다. 인간관계에서의 음치는 다른 사람의 마음을 잘 못 맞추는 사람이다. 다른 사람의 마음을 잘 맞추려면 무엇보다 보조 맞추기를 잘해야 한다. 상대방의 발걸음보다 빠르거나 반대로 뒤쳐지면 고문관 같은 사람, 인간관계의 음치가 되기 마련이다. 누군가와 좋은 관계를 만들고 싶다면 그 사람과 어깨동무를 하고 보조를 맞춰라. 인간관계는 눈 맞추기, 마음 맞추기, 보조 맞추기 게임이다.

2

다름을 인정하라

　보조 맞추기 행동의 첫 번째 유형은 인정하기다. 인정하기는 내가 보조를 맞추고 있지 못하다는 사실을 깨닫고 발걸음을 멈추는 것이다. 누구의 잘못 때문인지는 중요하지 않다. 어떤 사람에게 원인이 있던지 간에 지금 두 사람의 발걸음이 서로 엇갈리고 있다는 사실만 알아차리면 된다. 그리고 상대방의 상황과 입장이 나와 다르고 상대방의 가치관과 신념도 다를 수 있다는 사실을 받아들이는 것이다.

　인정하기는 '동의'와는 다른 의미다. 동의는 상대방의 생각과 의견을 같이 하는 것이지만 인정하기는 상대방에게 찬성하는 것이 아니라 용인하는 것이다. 즉, 상대방이 가지고 있는 생각과 취향에 대해 일정한 의미와 가치를 부여하는 것이다. 나와 다르다고 하여 부정하거나 무시하지 않고, 상대방의 입장에서는 충분히 일리가 있다는 것을 이해하는 노력이다.

인정하기는 보조 맞추기에서 가장 필수적이면서 가장 중요한 첫 번째 단계에 해당된다. 다른 사람의 가치관을 인정하지 못하는 사람은 보조를 맞추지 못하며, 결과적으로 원만한 인간관계를 형성하기 어렵다. 특히 자신의 가치관과 신념을 절대적으로 확신하며 타인에 대한 편견과 고집에 사로잡히게 되면 보조를 맞추기보다는 억지로 상대방을 끌고 가려 한다. 그러나 이런 방법으로는 성공적인 인간관계를 유지할 수 없다.

"말을 물가로 끌고갈 수는 있어도 억지로 물을 먹일 수는 없다"는 속담이 있다. 또한 "입을 닫게 만들었다고 그 사람의 마음까지 바꾼 것은 아니다"라는 말도 있다. 억지로 내 생각만을 주장하고 우긴다고 다른 사람의 마음을 얻을 수 있는 것은 아니다. 오직 보조 맞추기를 통해 함께 걸어가야 한다. 그리고 그 첫 번째 걸음이 상대방을 인정하는 것이다.

사실 인정은 모든 사람이 가지고 있는 근본적인 욕구다. 매슬로는 욕구 5단계설에서 '타인에게 인정받으려는 존경 욕구'를 네 번째 욕구로 강조했다. 철학자 헤겔은 인간관계에서 발생하는 모든 갈등은 타인에게서 인정받고자 하는 욕망에서 비롯된다고 말했다.

심리학자 윌리엄 제임스는 인간의 욕구 중에서 가장 강력한 것은 '인정받고 싶은 갈망 Craving to be appreciated'이라고 말했다. 미국 조지 메이슨 대학교 후쿠야마 교수는 《역사의 종언과 최후의 인간》이라는 책에서 타인에게 인정받고자 하는 욕구와 경제적으로 더 잘 살아보려는 욕구, 이 2가지가 인류 발전의 원동력이라고 설명했다.

옛말에 "여위열기자용 사위지기자사(女爲悅己者容 士爲知己者死)"라는 말이 있는데 "여자는 자기를 기쁘게 해 주는 사람을 위해 얼굴을 단장하고, 선비는 자기를 알아주는 사람을 위해 목숨을 바친다"는 뜻이다. 이 역시 사람들이 얼마나 인정을 중요하게 생각하고 있는지를 알려주는 말이다.

그런데 사회에서 타인을 인정하는 모습을 찾아보기란 그다지 쉽지 않다. 대부분의 사람들은 누군가를 인정하기보다는 먼저 타인에게 인정받고 싶어한다. 자신과 다른 의견이나 가치관을 인정하기보다는 무시하거나 비난하고 거부하는 일이 더 많이 발생한다. 그리고는 자신의 의견이나 가치관에 따라오게 만들기 위해 고압적이거나 강압적인 태도로 행동한다.

인간관계는 2인3각 경기라는 사실을 망각한 채 상대방과 보조를 맞추는 것이 아니라 억지로 끌고 가려 애쓰는 것이다. 이런 태도로는 절대로 결승점에 도착할 수 없다. 성공적인 보조 맞추기를 위해서는 사람들이 모두 각기 다른 성격과 행동양식을 지니고 있다는 사실을 인정해야 한다. 인간의 성격과 행동유형을 분류하는 연구 결과에는 다음과 같은 것들이 있다.

(1) 애니어그램

에니어그램이란 그리스어로 '에니어Ennear (아홉)'라는 단어와 '그라모스Grammos (점)'라는 단어의 합성어다. 즉, 아홉 개의 점이 있는 그림이라는 뜻이다. 에니어그램은 약 4500여 년 전 중동지방에서 발생한 것으로 추정되는데 수천 년 동안 기독교, 불교, 이슬람교, 유대교와 접목되며 축적되어 왔다. 현재의 에니어그램 이론은 고대의 지혜와 현대의 심리학이 결합된 것으로 이해할 수 있다. 에니어그램은 사람을 9가지 유형으로 분류하여 설명한다.

- 1번 유형 – **완벽주의자**

매사에 완벽을 기하고, 바르게 살면서 자신의 이상을 실현하기 위해 열심히 노력한다.

- 2번 유형 – **조력가**

정이 많고 사랑을 주고받는 것을 선호하고, 타인에게 도움이 되는 것에 몰두한다.

- 3번 유형 – **야심가**

성공과 목표를 중시하고 실패하지 않으려는 욕구에 따라 행동하려 한다.

- 4번 유형 – **예술가, 낭만주의자**

감수성과 직관이 뛰어나고 창조적이며 낭만적이다. 평범한 것을 싫어하고 감동을 좋아한다.

- 5번 유형 – **관찰자**

지적이고 분석력과 통찰력이 뛰어나며 객관적이다.

- 6번 유형 – **현실주의자**

책임감과 안전을 중요하게 생각하며, 의무에 충실하고 신중하다.

- 7번 유형 - **모험가**

낙관적인 사고를 가지고 즐겁게 행동한다. 모험을 즐기고 낙천적이며 에너지가 넘친다.

- 8번 유형 - **지도자**

자신의 신념에 따라 행동하며 직선적이고 강인하며 약자를 보호한다.

- 9번 유형 - **평화주의자**

갈등이나 긴장을 싫어하고 평화를 추구한다. 주변과 잘 어울리며 온순하고 수용적이다.

(2) DISC

1928년에 미국 콜롬비아 대학교 심리학교수인 윌리엄 마스톤 William Moulton Marston 박사는 사람이 환경을 인식하고 그 환경 속에서 자신의 힘을 어떻게 인식하느냐에 따라 주도형, 사교형, 안정형, 신중형의 4가지 형태로 행동을 하게 된다고 설명하며 DISC 행동유형을 주장하였다. DISC는 인간의 행동유형(성격)을 구성하는 핵심 4개 요소인 주도형Dominance, 사교형Influence, 안정형Steadiness, 신중형Conscientiousness의 약자이다.

- D형(주도형)

말과 행동이 빠르고 관계보다는 목표나 일을 중시한다. 지도력이 있고 도전적이다.

- I형(사교형)

일보다는 사람이나 만남을 좋아한다. 모임에 참석하여 다른 사람을 즐겁게 한다.

- S형(안정형)

감정의 기복이 없고 안정적이며, 매사에 충실하다. 중요한 목표나 기준에 관심을 둔다.

- C형(신중형)

정확하고 비판적이며, 매사에 꼼꼼하고 완벽함을 추구한다.

(3) MBTI

1921~1975년에 브릭스Katharine Cook Briggs와 마이어Isabel Briggs Myers 모녀에 의해 개발되었다. MBTI에서 말하는 성격유형은 모두 16개다. 주의의 초점이 어디로 흐르는가에 따라 외향형과 내향형, 사물을 인식하는 방법에 따라 감각형과 직관형, 어떤 방법으로 사물을 판단하고 행동을 결정하느냐에 따라 사고형과 감정형, 어떤 방법으로 일상생활과 일을 처리하느냐에 따라 판단형과 인식형으로 구분되는 선호경향을 지닌다. 선호경향은 교육이나 환경의 영향을 받기 이전에 잠재되어 있는 선천적 심리경향을 말하며, 각 개인은 자신의 기질과 성향에 따라 16개 유형 중에서 1가지 성향을 나타내게 된다.

- I : 내향형Introversion의 약자
- E : 외향형Extraversion의 약자
- S : 감각형Sensing의 약자
- N : 직관형iNtuition의 약자
- T : 사고형Thinking의 약자
- F : 감정형Feeling의 약자
- J : 판단형Judging의 약자
- P : 인식형Perception의 약자

이외에도 다수의 이론들이 사람의 성격과 행동을 일정한 기준에 의해 유형별로 구분하여 설명하고 있다. 이런 이론들의 본질적인 의미와 대인관계에서의 적용방법을 완벽하게 이해한다는 것은 쉽지 않은 일이지만 가장 바람직한 태도는 사람이라는 존재의 다양성에 대해 분명하게 자각하는 일이다. 위에서 설명한 이론들이 주장하듯 사람은 모두 고유한 성격(행동)양식을 가지고 있다. 따라서 어떤 사람이 나와 다른 가치관이나 취향을 지녔다는 사실을 무조건 당연하고 불가피한 것으로 인정해야 한다.

우리가 흔히 하는 말 중에 "틀린 것이 아니라 서로 다른 것"이라는 말이 있다. 모든 사람은 제각각 다른 성격, 행동유형에 의해 서로 다른 가치관과 성향을 지닌 존재라는 것을 이해해야 한다. 내가 가지고 있는 가치관이나 취향과 다르다고 상대방을 부정하거나 비판, 비난하는 것은 옳지 못한 일일 뿐더러 현명한 일도 아니다. 건전한 인간관계는 서로가 다르다는 것을 인정하는 일에서부터 출발한다. 인정하기는 다음과 같이 실천하라.

- **첫째, 보조를 맞춰야 한다는 사실을 인정하라**
인간관계는 상대방을 끌고 가는 것이 아니라 서로 보조를 맞춰야 한다는 것을 인정하라.

- **둘째, 상대방의 생각과 취향을 인정하라**
사람은 모두 성격과 행동양식이 다르다는 것을 이해하고 상대방의 생각과 취향을 인정하라.

■ 셋째, 끌고 가기 행동을 하고 있다면 그 사실을 인정하라

나의 말과 행동에 상대방을 지배하려는 성향이 있는지 찾아보고 그 부분을 인정하라. 그리고 협력적인 말과 행동으로 바꿔라.

인정하기는 끌고 가기 행동이 아니라 보조 맞추기 행동을 통해 인간관계를 맺어나가야 한다는 사실을 인정하는 것이다. 그리고 상대방을 있는 그대로 받아들이는 것이다. 외모와 태도, 성격과 행동, 가치관과 신념, 생각과 감정, 입장과 상황 등 상대방에 관한 모든 것을 본래의 모습 그대로 수용해야 한다. 마지막으로 나에게 지배적인 성향의 말과 행동이 있다면 그 사실을 인정하고 협력적인 행동으로 바꿔나가는 것이다.

미국 캘리포니아 주 상원의원 바버라 복서는 《지금 알고 있는 것을 그때의 내가 알았더라면》이라는 책에서 "마음을 열고 다른 사람의 소리를 들어보렴. 다른 사람들도 너처럼 저마다의 소신이 있단다"라고 말했다. 인정하기는 이유도 필요 없고 조건도 필요 없다. 노래가사처럼 무조건 인정해야 한다. 단서도 달지 말고 토를 달지도 마라. 무조건 그냥 인정하라.

3

이익에 연연하지 말고 양보하라

　보조 맞추기의 두 번째 유형은 양보하는 것이다. 양보란 자기의 주장을 굽혀 남의 의견을 좇거나 남을 위하여 자신의 이익을 희생하는 행동이다.

　초등학교 때 친했던 친구 중에 P가 있다. 바둑을 좋아하여 시간이 날 때마다 함께 바둑을 두었다. P는 바둑교실에 다녔던 적이 있고 실력이 매우 뛰어나서 내가 그를 상대로 바둑을 이긴다는 것은 거의 불가능에 가까운 일이었다. 그런데 이상하게도 P가 한 번을 이기면 그 다음 번에는 내가 어렵게나마 바둑을 이기는 것이었다.

처음에는 운이 좋았거나 아니면 내 바둑실력이 향상된 것이라고 생각했다. 그러던 어느 날 우연히 P의 아버님이 하시는 말씀을 듣고 내가 바둑을 이길 수 있었던 이유를 알 수 있었다. P와 내가 바둑을 두는 모습을 보시더니 아버님이 넌지시 말씀해주셨다.

"친구끼리는 져줘야 한다. 특히 사소한 것은 절대로 이기려들지 말고 모두 져줘라. 많이 져주는 사람이 좋은 친구를 만들 수 있다."

아직 어린 나이었기에 P의 아버님의 말뜻을 정확하게 이해하지는 못했지만 그래도 마음속으로 무언가 뜨끔하고 뭉클한 것이 느껴졌었다. 내가 실력이 좋아서 바둑을 이긴 것이 아니라 P가 아버지의 가르침대로 작은 일에 져준 것이라는 사실을 알 수 있었다. 그리고 친구와의 관계에서도 모든 것을 이기려고 애쓰던 내 모습도 반성할 수 있었다.

참으로 소중한 교훈이었지만 아쉬운 것은 얼마 지나지 않아서 새까맣게 잊고 살아왔다는 사실이다. 철부지 초등학생이었으니 당연한 일이겠지만 그때의 깨달음을 지금까지 실천해왔더라면 내 인생이 더욱 멋지고 아름다웠을 것이라 생각한다. 인생이 부질없고 철없는 이유 중의 하나는 사소한 것에 목숨을 걸기 때문이다. 작은 것은 양보하고 져줘도 그만이련만 어느 것 하나 지기 싫어하고 양보할 줄 모르는 헛된 고집과 자존심이 인생을 힘들게 한다.

오래 전 신문에서 어떤 사람들이 내기바둑을 두다가 끝내 살인까지 저질렀다는 기사를 읽은 적이 있다. 처음에는 재미로 두다가 어느새 내기를 걸고, 마침내는 승부욕 때문에 상대방을 흉기로 찔렀다는 내용이었다. 그야말로 사소한 것에 목숨을 건 것이다. 인간관계에서도 사소한 것에 목숨을 걸지 말아야 한다. 좋은 관계를 맺으려면 상대방에게 많이 양보하고 자주 져주는 사람이 되어야 한다.

티보Thibaut와 켈리Kelly의 '사회교환이론Social Exchange Theory'에 따르면 인간관계가 유지되고 해체되는 것은 서로가 투자한 노력이 얼마만큼의 보상을 받느냐에 달려 있다. 즉 자신이 투자한 시간, 금전, 정신적 노력에 대한 보상이 크게 이뤄지는 인간관계는 만족을 느끼고 장기간에 걸쳐 유지하지만, 보상이 이뤄지지 않거나 적게 일어나는 경우는 인간관계가 약화되거나 해체될 가능성이 높아진다. 여기서 보상은 정서적인 보상과 물질적인 보상을 모두 포함한다. 따라서 다른 사람과 좋은 관계를 맺으려면 물질이나 이익의 배분뿐만이 아니라 토론이나 논쟁, 사소한 감정싸움이 생겼을 때 상대방에게 져주고 상대방이 원하는 대로 양보하는 것이 가장 좋은 방법이다.

우리말에 "지는 게 이기는 것이다"라는 표현이 있다. 진다는 것은 어찌 보면 바보가 되는 것처럼 느껴지고, 어찌 보면 상대방에게 '봉' 노릇을 하는 것처럼 여겨지겠지만 그것이야말로 성공적인 인간관계를 만드는 가장 현명한 방법이다. 왜냐하면 사람은 누구나 자기를 이기는 사람보다 자기에게 지는 사람을 좋아하기 때문이다.

사람들은 대부분 져주기보다는 이기고 싶어한다. 아마도 인정받고 싶은 욕구 때문에 그럴 것이다. 그러나 이기려고만 드는 사람과는 좋은 관계가 형성되기 어렵다. 더욱 심각한 문제는 사람들은 지극히 사소한 일에도 이기기 위해 갖은 애를 다 쓴다는 사실이다. 양보해버리면 그냥 끝날 일에도 미련을 버리지 못하고 결국 목숨까지 거는 것이 사람이라는 불가사의한 존재다. 《인간관계론》의 저자인 데일 카네기에 관한 이야기를 참고해볼 만하다.

제1차 세계대전이 끝나고 얼마 후에 데일 카네기는 런던에서 개최된 한 만찬에 참석하였다. 낯선 사람들과 함께 식사를 하던 중 그의 옆에 앉아 있던 사람이 "인간이 어떤 일을 벌이든 최종적인 결정은 하나님 손에 달려 있다"라는 말을 인용하며 우스갯소리를 하였다.

그는 자신이 인용한 문장이 성경에 나오는 구절이라고 이야기했지만 그것은 사실이 아니었다. 그 문장은 셰익스피어의 작품에 나오는 말이었다. 카네기는 즉시 실수를 지적하며 반론을 제기했다. 그러나 그 사람은 자기의 주장을 굽히지 않고 오히려 화를 내며 흥분하기 시작했다.

두 사람은 한 치의 양보도 없이 서로의 주장이 옳다는 것을 증명하기 위해 설전을 벌였다. 그러다 마침 옆자리에 앉아 있던 카네기의 친구 프랭크 가몬드에게 누구의 주장이 옳은지 물었다. 가몬드는 오랜 기간 동안 셰익스피어에 대해 연구를 해오고 있었다. 가몬드는 남들이 눈치 채지 못하게 식탁 아래로 카네기의 발을 툭 차면서 눈을 찡긋하더니 이렇게 말했다. "데일, 자네가 틀렸네. 저 신사분이 맞아. 그 문장은 성경에 나오는 말이야."

집으로 돌아오는 길에 카네기는 가몬드에게 따져 물었다. "가몬드, 왜 그렇게 말한 건가? 자네도 그 인용문이 셰익스피어의 작품에 나오는 말이라는 것쯤은 잘 알고 있을 텐데 말이야?" 가몬드는 이렇게 대답했다. "물론 알지. 〈햄릿〉 5막 2장에 나오는 말이네. 하지만 우리는 그 만찬에 초대받은 손님이었네. 굳이 그 사람이 틀렸다는 것을 증명하여 즐거운 파티를 망치고 그 사람의 체면을 구길 필요가 있었을까? 그렇게 해서 얻어지는 것은 아무것도 없다네. 오히려 한 사람의 적을 만들었을지도 모르는 일이야."

이 일이 있고 난 후 카네기는 논쟁에서 최선의 결과를 얻으려면 논쟁을 피하는 것이라는 소중한 교훈을 얻고 평생 실천에 옮겼다고 한다.

우리는 인간관계에서 많은 대화와 토론을 하고 때로는 격한 논쟁을 벌인다. 그러한 일들이 얼마나 사소한 것이고 지엽적인 것인지를 느낄 수 있다면 상대방을 이기기 위한 노력들이 얼마나 무의미하고 헛된 것인지도 깨달을 수 있을 것이다. 부부싸움, 직장에서의 말다툼, 모임이나 단체에서의 논쟁들이 대부분 상대방에게 양보하거나 져도 그만인 사소한 일들인 경우가 대부분이다. 단지 그 사실을 알지 못하고 마치 지구 최후의 날이라도 온 것처럼 목숨을 걸기 때문에 모든 문제가 복잡해지고 인간관계가 어려워지는 것이다.

벤자민 프랭클린은 다음과 같은 말을 남겼다. "만일, 당신이 다른 사람에게 따지고 상처를 주고 반박을 한다면 때때로 승리할 수도 있다. 하지만 그것은 공허한 승리에 불과하다. 왜냐하면 결코 다시는 상대방으로부터 좋은 호의를 얻어내지 못할 것이기 때문이다." 이 말처럼 인간관계에서는 지는 것이 궁극적으로 이기는 것이요, 이기는 것은 지는 것이다. 그러나 사실 인간관계에서 다른 사람에게 먼저 양보하고 상대방에게 져준다는 것은 생각처럼 쉽지 않다. 스스로에 대한 자긍심과 타인으로부터의 인정을 상실할지도 모른다는 두려움 때문일 것이다. 그러나 한편으로는 상대방에 대한 호의적인 감정의 부족도 이유가 될 수 있다.

우리는 사랑하는 사람에게는 많은 것을 양보하고 져준다. 젊은 남녀가 사랑에 빠지면 상대방의 무리한 부탁이나 요구도 쉽게 거절하지 못하고 들어주게 된다. 데이빗 윌슨은 사랑에 대해 "두 친구가 함께 놉니다. 한 사람은 놀고 싶지 않은데 다른 사람이 놀고 싶어서 함께 놀 때 그게 사랑입니다"라는 흥미로운 표현으로 정의하였다. 이처럼 누군가를 사랑하면 그 사람의 위해 많은 것을 양보하기 마련이다. 우리말에 "자식 이기는 부모 없다"는 말도 마찬가지다. 부모가 자식을 이기지 못하는 것은 힘이나 지식이 부족해서가 아니라 자식을 더 많이 사랑하기 때문이다. 내리사랑이라는 말처럼 부모는 사랑 때문에 자식에게 양보하고 져주지만 자식은 부모에 대한 사랑이 부족하기 때문에 끝끝내 부모를 이기려드는 것이다.

이처럼 양보는 호의적인 감정을 필요로 한다. 따라서 대인관계를 할 때는 인간은 원래 선한 존재라는 생각으로 사람에 대한 애정을 갖는 것이 바람직하다. 긍정적이고 호의적인 가치관으로 사람들을 대해야 양보하기가 쉽게 일어날 수 있다.

양보하기는 상대방에게 져주는 것 외에도 여러 가지 의미를 함께 지니고 있다. 인간관계에서 자신의 권리나 이익을 양보하는 것도 중요하지만 가장 기본적인 것은 다른 사람들의 생각과 가치관, 취향을 잘 받아들이는 것이다. 양보하기는 다음과 같은 5가지를 잘 받아들여야 한다.

첫째, 현실을 잘 받아들여라. 우리 주변에는 변화를 받아들이지 못하고 고집이나 독선을 부리다 큰 화를 초래하는 사람들을 종종 볼 수 있다. 언제든지 자신의 판단과 결정이 잘못되거나 현실에 뒤떨어져 있을 가능성을 인정하고 새로운 변화를 받아들여야 한다.

둘째, 다른 사람의 의견을 잘 받아들여라. 이 세상에 절대적으로 변하지 않는 진리는 많지 않다. 대부분 보는 사람의 관점에 따라 서로 다르게 해석될 수 있는 것들이다. 다른 사람의 생각과 의견을 배척하지 말고 잘 받아들여라. 잘 받아들이는 사람만이 생각의 폭과 깊이가 넓어지고 보다 큰 안목으로 세상을 바라볼 수 있다.

셋째, 조언을 잘 받아들여라. 다른 사람이 내게 하는 조언을 잘 받아들여야 한다. 가장 좋은 친구는 내게 쓴소리를 마다하지 않고 해주는 사람이다. 입에 달콤한 이야기만 하는 사람을 경계해야 한다. 입에 쓰다고 내뱉지 말고 다른 사람이 하는 조언을 잘 받아들여라.

넷째, 비판이나 비난도 잘 받아들여라. 절대로 화내거나 마음에 담아두지 말고 있는 그대로 수용하라. 그들이 하는 비판이나 비난은 나를 큰 사람으로 만들어 주는 보약이라 생각하라.

다섯째, 사과나 용서를 잘 받아들여라. 다른 사람이 용서를 구하거나 사과를 하면 잘 받아들여라. 사람은 누구나 실수하기 마련이고 가슴속에 화, 원망, 복수심을 품어봐야 나만 손해나는 일이다. 다른 사람의 잘못이나 실수를 마음에 담아두지 말고 사과나 용서를 구하면 즉각 받아들여라.

인간관계에서 양보하기는 다른 사람과 발걸음을 맞추는 일이다. 내 고집대로 상대방을 끌고 가지 않고 상대방의 생각과 의견에 져주는 것이다. 상대방에게 더 많은 권한과 이익을 주기 위해 내가 희생할 수 있는 것이다. 물론 상황에서 따라서는 절대로 양보하거나 져줄 수 없는 일도 있다. 그러나 우리가 여기서 말하고자 하는 것은 사소한 일들에 관한 것이다. 인간관계에서 발생하는 대부분의 일들은 그야말로 사소한 것들이다. 이처럼 작은 일들은 무조건 상대방에게 양보하라. 인간관계에서는 지는 것이 이기는 것이고, 양보하는 것이 성공적인 인간관계를 만드는 길이다. 가족, 친구, 직장, 사회에서 만나는 사람들에게 더 많이 양보하라. 양보하면 양보할수록 좋은 관계가 만들어질 것이다.

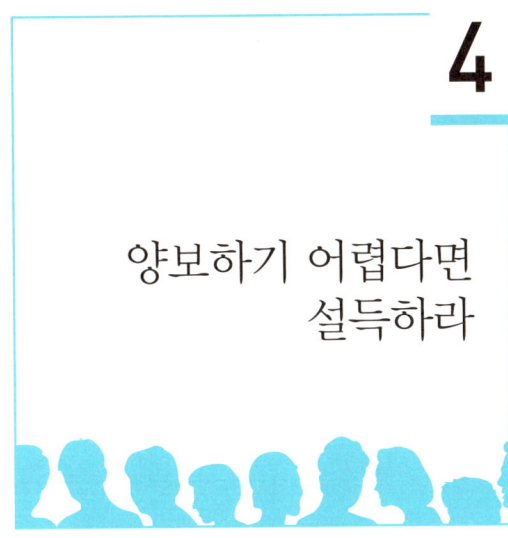

4

양보하기 어렵다면 설득하라

　보조 맞추기의 세 번째 유형은 설득이다. 설득은 상대편이 이쪽편의 이야기를 따르도록 여러 가지로 깨우쳐 말하는 것이다. 보조를 맞춰야 하는데 양보하기가 어려운 상황이라면 상대방이 나의 발걸음에 보조를 맞추도록 설득해야 한다. 그러나 여기서 말하는 설득은 강요나 지시가 아니다. 레스 기블린은 《상대방을 사로잡는 대인관계술》이라는 책에서 인간관계를 "자신과 상대방의 자존심 어느 것도 손상되지 않는 방법으로 사람들을 대하는 과학"이라고 말했다. 설득하기는 상대방의 자존심을 손상시키지 않는 방법으로 이뤄져야 한다.

보조 맞추기에서의 설득은 일종의 제안이자 보충설명이며, 내가 가지고 있는 생각과 의견을 상대방에게 조금 더 구체적으로 전달하려는 노력이다. 상황에 따라서는 상대방에게 보조를 맞춰 걸어가려는 목표지점에 대한 비전을 제시하고 동기를 부여하는 일이다. 인간관계에서는 양보하기와 더불어 설득하기가 중요하게 실천되어야 한다. 그러나 대부분의 사람들은 설득을 하지 않는다. 우리 주변에서 벌어지는 대화와 토론을 살펴보면 설득은 없고 오직 싸움만 존재한다. 근거 없는 주장을 하고, 억지를 부리고, 상대방의 말꼬리를 잡고, 지엽적인 문제를 들먹이며 본질을 희석한다. 때로는 위협적인 말과 행동을 동원하기도 한다. 이것은 설득이 아니라 일방적인 자기주장일 뿐이다.

설득은 상대방으로 하여금 스스로 선택하게 만드는 것이다. 보조 맞추기에서의 설득은 어떤 경우에도 강요를 하지 않는다. 사회에서 설득하기를 잘하는 사람은 좋은 인간관계를 형성할 수 있다. 다른 사람을 내 편으로 설득하는 기술은 사업적 성공과 원만한 대인관계를 위해 매우 중요한 사회적 역량이다.

그런데 우리는 어떻게 사람들을 설득할 수 있는 것일까? 《설득의 심리학》을 쓴 로버트 치알디니는 사람들이 설득 당하는 6가지 요소로 상호성의 법칙, 일관성의 법칙, 사회적 증거의 법칙, 호감의 법칙, 권위의 법칙, 희귀성의 법칙을 들었다. 이 책에는 심리학 분야의 다양한 연구결과들을 소개하고 있는데 그중에서 매우 흥미로운 실험결과가 하나 있다.

미국의 사회심리학자인 랭거Langer는 도서관에서 복사하기 위해 줄을 서서 기다리는 사람들을 대상으로 늦게 온 사람이 앞사람의 양보를 얻어내기 위한 설득 방법에 대해 실험을 했다.

첫 번째는 늦게 온 사람으로 하여금 다른 사람들에게 "죄송합니다. 제가 먼저 하면 안 될까요? 왜냐하면 아주 바쁜 일이 있거든요"라고 말하게 했다. 두 번째는 "죄송합니다. 제가 먼저 하면 안 될까요?"라고 말해서 '왜냐하면'이라는 이유 설명을 생략하도록 지시했다.

이 결과 첫 번째 실험에서는 94%, 두 번째 실험에서는 60%의 양보를 얻어낼 수 있었다. 이 실험으로 다른 사람을 설득할 때는 적합한 이유가 필요하다는 사실을 알 수 있다. 많은 사람들은 의사결정을 내릴 때 자신이 명분 있는 일을 하고 있다는 믿음을 가져야 쉽게 행동에 옮기게 된다. 랭거의 실험에서 알 수 있듯이 다른 사람들을 설득하려면 상대방의 생각이나 태도, 행동을 바꿔야만 되는 구체적인 증거나 적합한 이유를 알려주는 것이 필요하다.

그런데 행거는 또 다른 실험을 통해 더욱 놀랍고 흥미로운 결과를 보여줬다. 세 번째 실험에서는 "죄송합니다. 제가 먼저 하면 안 될까요? 왜냐하면 지금 복사를 해야 하거든요"라고 논리적으로 맞지 않는 엉터리 문장을 사용하게 했다. 즉, 실제로 양보를 원하는 정확한 이유를 설명하지 않았음에도 불구하고 놀랍게도 이 실험에서는 93%의 양보를 얻어낼 수 있었다. 이는 첫 번째 실험에서 이유를 설명했을 때와 거의 비슷한 수치를 보이고 있다.

이 실험의 결과들을 분석해보면 양보가 필요한 이유에 대한 논리성보다도 "왜냐하면"이라는 특정 단어가 더 많은 영향을 미치고 있다는 사실을 증명해주고 있다. 이러한 현상은 설득이 반드시 논리적이어야 할 필요는 없다는 것을 알려준다.

호주 퀸즈랜드 대학교 연구팀은 140명의 대학생을 상대로 조사한 결과, 커피를 마신 학생들이 마시지 않은 학생들에 비해 설득당할 가능성이 크다는 실험결과를 내놓았다. 안락사와 낙태 문제에 대해 학생들의 생각을 들은 뒤 커피 2잔을 마시게 하고 나서 반대 의견으로 설득했을 때 관점을 바꾸는 학생이 커피를 마시지 않았을 때보다 많다는 것이다. 퀸즈랜드 대학교 연구팀은 커피에 들어 있는 카페인 성분이 긍정적인 사고를 유발하는 것으로 보고 있다.

예일 대학교 연구팀은 손이 따뜻하면 마음도 따뜻해진다는 연구 결과를 내놓았다. 실험내용에 따르면 연구팀은 대학생 41명에게 뜨거운 커피 혹은 찬 커피가 들어 있는 잔을 들도록 한 뒤 가공의 인물에 대해 평가하도록 했다. 그 결과 따뜻한 커피잔을 든 학생은 찬 커피잔을 든 학생에 비해 가공의 인물을 더 너그럽고 사교적이며 온화한 사람이라고 판단했다.

또 다른 실험에서는 53명의 학생을 대상으로 핫팩과 얼음팩 중 하나를 들게 한 뒤 사은품을 고르게 했다. 그러자 핫팩을 든 학생들은 친구를 위한 사은품을 주로 선택한 반면 얼음팩을 든 학생들은 자기가 쓸 사은품을 고르는 경향을 보였다.

이처럼 무심코 마시는 커피 한 잔이 설득에 영향을 주고 사람에 대한 평가와 인상을 좌우한다고 하니, 누군가를 설득하고 좋은 관계를 형성하기 위해서는 반드시 따뜻한 커피를 제공하는 것을 기본으로 삼아야 할지도 모르겠다.

이처럼 설득을 잘 하려면 논리적인 접근과 동시에 비논리적인 요소에 대한 이해가 병행되어야 한다. 그러나 무엇보다 중요한 것은 설득에 대한 분명한 자각이다. 일방적인 주장이나 강요, 무시나 회피가 아니라 나의 생각과 의도를 구체적으로 전달하여 상대방을 충분히 이해시키려는 의지를 가져야 한다. 설득하기에 대한 인식이 결여돼 있으면 서로 다른 가치관이나 이해가 대립되었을 때 말싸움을 통한 비난과 공격, 자기방어만 나타나기 때문이다.

인간관계에서는 상대방과 보조를 맞춰야 하고, 보조를 맞추려면 양보하기뿐만 아니라 설득하기가 반드시 필요하다는 사실을 잊지 말아야 한다. 싸우지 않고 상대방을 설득하려면 미국의 커뮤니케이션 전문가 폴 스웨츠 Paul W. Swets 박사의 문제해결 대화법을 활용하는 것이 바람직하다. 소모적인 논쟁이나 말싸움이 되지 않으려면 다음과 같은 4가지 단계별로 대화해야 한다.

목적	전달 메시지
1. 문제를 정의한다	"제가 듣기에는 …이라는 말씀인 것 같습니다."
2. 합의점을 도출한다	"저도 …라는 사실에는 같은 생각을 갖고 있습니다."
3. 상대방의 감정을 이해한다	"그렇게 …하는 마음을 이해할 수 있습니다."
4. 자신의 의견을 완곡한 표현으로 전달한다	"제 생각에는 …인 것 같습니다."

이것을 구체적인 사례를 들어 설명하면 다음과 같다.

남편과 아내가 자녀의 영어교육 문제를 놓고 논쟁이 시작되었다. 아내가 초등학교 6학년인 아들을 하루에 3시간씩 영어학원에 보내기로 결정했는데 남편은 이에 반대하고 있다.

1단계(문제의 정의) - 당신은 우리 아이가 영어를 잘 했으면 하는 거죠?
2단계(합의 도출) - 나도 외국어는 일찍부터 시작하는 게 바람직하다는 생각에는 동의해요.

3단계(감정의 의해) - 우리 아이가 다른 아이들보다 뒤처지지는 않을까 걱정하는 당신의 마음도 충분히 이해해요.

4단계(자신의 생각을 전달) - 다만, 내 생각에는 갑자기 3시간씩 학원을 다니면 아이에게 너무 부담이 되고 오히려 영어공부에 대한 거부감을 심어줄 수도 있을 것 같아요. 처음에는 1시간씩만 하고 적응이 되면 조금씩 늘려나가는 게 어떨까요?

폴 스웨츠 박사의 대화법 외에도 사람을 설득하는 기술에는 수많은 이론이 존재할 것이다. 그러한 모든 방법을 배우고 익히는 것도 매우 중요하고 의미 있는 일이다. 그러나 지금 우리가 말하고 있는 설득하기는 이론에 관한 것이라기보다는 마음가짐에 관한 것이다. 타인과의 인간관계에서 나의 일방적인 주장을 강요하거나 상대방의 생각과 의견을 무시, 회피하지 않으려는 의지이자 노력이다.

인간관계는 보조를 맞춰야 하고, 보조 맞추기 행동의 하나가 다른 사람을 적극적으로 설득하는 것이다. 인정하기, 양보하기, 설득하기 행동을 통해 성공적인 인간관계를 만들어라.

5

조급하게 굴지 말고 인내하라

　보조 맞추기의 네 번째 유형은 인내하기다. 인내하기는 괴로움이나 어려움을 참고 견디는 것이다. 그러나 단순하게 욕망이나 불안, 화를 참는 것만을 의미하지 않는다. 인내하기는 인간관계에서 상대방과 보조가 맞춰질 때까지 기다리는 것이다.
　사회에서 인간관계를 하다보면 상대방을 내 뜻대로 빨리 변화시키고 싶은 상황이 생겨나기도 하고, 반대로 나의 뜻에 잘 따라오지 않는 상대방을 포기하고 싶은 상황이 발생하기도 한다. 또는 권위적이거나 일방적인 상대방에게 정면으로 맞서서 싸움을 벌이고 싶은 충동을 느끼기도 한다. 인내하기는 이런 상황에 처했을 때 너무

서두르지도 않고 너무 방치하지도 않으며, 인정하기·양보하기·설득하기를 끈기 있게 실천하면서 상대방과의 보조가 맞춰질 때까지 기다리는 것이다.

인내하기는 무책임한 회피나 시간끌기와는 다르며, 지속적인 관심과 정성을 요구한다. 인간관계에서 야기되는 대부분의 갈등은 인내하기 행동이 아니라 '빨리빨리', '어서어서' 행동을 나타내기 때문이다. 사실 '빨리빨리' 증후군은 우리나라만의 특징이 아니다. 미국 여론조사 전문기관 입소스가 발표한 자료에 의하면 미국인들도 인내심이 그리 많지 않은 것으로 보인다.

1,003명의 성인을 대상으로 실시된 여론조사 결과에 의하면, 관공서나 점포 등에서 줄을 설 때 얼마나 기다릴 수 있는지를 묻는 질문에 조사 대상의 23%가 5분 이상 기다릴 수 없다는 반응을 보였다. 10분까지 기다릴 수 있다는 대답은 19%였으며, 30분 이상 기다릴 수 있는 여유를 가진 사람은 10%에 불과했다. 전화의 경우 통화대기를 5분 이상 할 수 없다는 응답이 54%에 달했으며, 30분 이상 기다리겠다는 응답자는 3%에 그쳤다. 이처럼 바쁘게 돌아가는 현대사회에서 인내심을 발휘하기란 참으로 어려운 일이다.

그러나 대화나 토론, 협상은 물론 인간관계에서는 끈기와 인내를 가지고 서로가 합의할 수 있는 절충점을 찾기 위해 시간을 두고 노력해야 한다. 그렇지 않고 속전속결의 방식으로만 해결하려 들면 인간관계는 대결과 반목으로 치닫게 된다. 그리스 속담에 "1시간의 인내는 10년의 안락이다"라는 말이 있다. 인간관계에서 발생하는 문제들을 해결하는 데는 많은 시간이 필요하다는 사실을 이해하고 너무 조급하게 서두르지 않도록 주의해야 한다.

원만한 부부관계를 위해서도 가장 중요한 행동이 인내하기다. 안톤 체호프는 "결혼생활에서 가장 중요한 일은 인내와 관용이다"라는 말을 남기기도 했다. 일반적인 부부관계에서 의견대립이나 감정적인 충돌이 발생했을 경우 남편과 아내는 충분한 시간을 갖고 문제를 해결하려 들지 않는다. 대부분 즉각적인 비난이나 반박, 책임과 잘못의 전가, 상대방에 대한 무시나 회피 등으로 인해 갈등을 증폭시키고 관계를 악화시킨다. 이런 방법으로는 좋은 관계를 형성할 수 없다. 어떤 문제가 발생했을 경우에는 인정하기, 양보하기, 설득하기 행동을 통해 갈등을 해결하고, 그런 노력으로도 풀리지 않는 문제에는 인내하기를 통해 충분한 시간을 두고 대처해나가야 한다.

미국 스탠퍼드 대학교의 월터 미셸 박사는 '마시멜로 실험'을 통해 놀라운 사실을 발견했다. 그는 4살짜리 어린이 600명에게 마시멜로를 하나씩 나누어준 다음 15분 동안 먹지 않고 참으면 마시멜로를 하나씩 더 주겠다고 제안했다. 실험에 참가한 아이들의 3분의 1은 15분을 참지 못하고 마시멜로를 먹어치웠다. 나머지 3분의 2에 해당하는 아이들은 15분을 잘 견딘 다음 마시멜로를 하나씩 더 받았다. 15년 뒤 연구진이 실험에 참가했던 아이들을 추적해 조사한 결과 마시멜로의 유혹을 참아낸 아이들은 사회생활에 적응을 잘하고 대인관계가 원만한 사람으로 성장했다. 반면에 마시멜로를 먹어치웠던 아이들은 쉽게 짜증을 내고 자기 감정을 주체하지 못하며 싸움을 자주 일으키는 청소년이 돼 있었다고 한다.

미국 예일 대학교 신경생물학과의 이대열 교수와 김소연 박사는 원숭이를 대상으로 연구한 결과 '마시멜로를 먹지 않고 참아낸 뇌'의 일부를 발견했다. 연구 팀은 원숭이를 대상으로 보상과 참을성의 관계를 검사하는 실험을 했다. 지금 바로 적은 양의 주스를 먹을지, 조금 기다린 뒤 많은 양의 주스를 받을지 선택하는 실험이었다. 연구팀의 설명에 의하면 원숭이가 선택을 고민할 때 대뇌의 앞부분, 이마 쪽에 위치한 전(前)전두엽에 있는 신경세포들이 활발하게 움직이는 것으로 조사되었다.

마시멜로 실험은 인내심이 성공적인 사회생활과 인간관계에 가장 중요한 요소 중의 하나라는 점을 잘 일깨워주는 실험결과다. 미국 보스턴 대학교의 헬즈만 교수는 7세 어린이 450명을 40년 동안 추적해 조사한 결과 성공과 출세에 가장 중요한 요인은 감정조절 능력, 좌절을 극복하는 태도, 다른 사람과 어울리는 능력이라는 연구결과를 발표했다.

감정을 조절하고 좌절을 극복하기 위해서는 강한 인내심이 요구된다. 또한 강한 인내심을 지닌 사람은 대인관계에서 참고, 양보하고, 설득하며 기다릴 수 있다. 보스턴 대학교의 실험 역시 인내심의 중요성을 설득력 있게 전달해 주는 조사결과다.

우리는 많은 사람들과 인간관계를 맺으며 살아가고 있다. 어떤 관계의 사람이던지 좋은 관계를 맺기 위해서는 인내와 시간을 필요로 한다. 조지 워싱턴은 "진실된 우정은 느리게 자라는 나무와 같다"고 말했다. 에스파냐 속담에 이런 말이 있다. "신이 말했다. '네가 원하는 것은 무엇이든 가져도 좋다. 단, 대가를 지불하라.'" 성공적인 인간관계를 위해서는 인내와 시간이라는 대가를 지불해야 한다. 보조 맞추기에서 인내하기는 다음과 같은 점을 명심해야 한다.

첫째, 인간관계의 발전과 갈등의 해결에는 시간이 필요하다는 것을 인정하라. 인간관계가 발전되려면 일정한 시간이 경과되어야 한다. 또한 갈등이 발생하면 해결점에 도달하기까지 많은 시간이 소요될 수 있다. 너무 빨리 밀접한 관계를 만들려고 하거나 너무 쉽게 문제를 해결하려는 생각을 버려라. 오랜 시간에 걸쳐 끈기 있는 노력을 기울이겠다고 결심하라.

둘째, 상대방을 억지로 끌고 가거나 포기하지 마라. 상대방을 내가 원하는 방향으로 따라오게 만들고 싶다고 일방적인 주장을 펼치거나 변화를 강요하지 마라. 그런 태도로는 좋은 관계를 만들 수 없다. 또한 상대방이 잘 따라오지 않는다고 쉽게 포기하지 마라. 무시하거나 회피하지 말고 지속적인 관심과 노력을 기울여라.

셋째, 인정하기·양보하기·설득하기를 지속적으로 실천하라. 상대방의 생각과 취향을 인정하고, 사소한 것은 양보하고, 나의 생각과 의도를 보다 적극적으로 알려라. 그리고 상대방의 변화를 기다려라. 상대방의 태도에 즉각적인 변화가 없더라도 그냥 당연한 일로 생각하라. 인내하고, 다시 인정하고 양보하고 설득하라.

5장

4가지 중 넷째
: 주기 GIVE

1
받기보다 먼저 기부하라

많은 사람들이 인간관계의 기본을 '기브 앤 테이크Give and Take'라고 말한다. 실제로 이와 관련된 흥미로운 조사결과가 발표된 적이 있다.

미국 시카고 대학교 심리학과 보아즈 케이사르 박사는 실험을 통해 "누가 먼저 주고 누가 먼저 받느냐에 따라 결과는 엄청나게 달라진다"는 사실을 증명했다.

- **실험 1 : '내가 먼저 가져간다'는 인상을 줄 때**

연구진은 피실험자들에게 100달러를 건네며 "옆방의 학생과 돈을 나누는데 당신이 먼저 갖고 싶은 금액을 마음대로 정하라"고 설명했다. 그러자 피실험자 40명은 평균 50.50달러를 가져가고 옆방의 피실험자에게 49.50달러를 남겨줬다. 거의 대등하게 나눈 셈이다.

- **실험 2: '남이 먼저 가져간다'는 인상을 줄 때**

연구진은 피실험자들에게 돈을 건네며 "옆방의 학생과 돈을 나누는데 옆방 학생이 이미 50달러를 가져가 남은 50달러를 너에게 준다"고 설명했다. 조금 후에 "이번에는 너에게 먼저 100달러를 줄 테니 마음대로 나눠봐라"고 하자, 피실험자 40명은 평균 58달러를 갖고, 42달러만 옆방 사람에게 남겨줬다. 상대방이 먼저 가져간 데 대해 복수를 한 셈이다.

- **실험 3: 후하게, 똑같이, 야박하게 차등을 두고 나눈 결과**

연구진은 피실험자들에게 처음 나온 100달러에 대해 옆방 사람이 ◎ 후하게 자신은 30달러만 가지고 피실험자에게 70달러를 나눠줬다, ◎ 평등하게 50달러씩 나눴다, ◎ 야박하게도 자신은 70달러나 가져가고 피실험자에게는 30달러만 남겨놓았다고 각각 알려줬다. 그러고는 "새로 100달러가 나왔는데 어떻게 분배할 거냐?"고 물었다. 피실험자 120명은 평균 53달러, 45달러, 34달러를 각각 상대 몫으로 남겼다. 상대방이 후하면 나도 후하게 베풀려 노력하지만, 상대방이 야박하기 시작하면 나도 야박하게 복수하겠다는 감정이 바로 표출된다는 실험 결과다.

— 〈코메디닷컴〉, 김미영 기자, 2008년 12월 19일자

이처럼 인간관계에서는 받은 만큼 베풀려는 심리가 작용하기 때문에 다른 사람에게서 무언가를 받고 싶으면 내가 먼저 상대방에게 'Give' 해야 한다. 그렇지 않고 받기만을 바라거나 상대방보다 더 많이 'Take' 하면 배신감이나 복수심을 유발하여 좋지 못한 관계로 발전된다.

그런데 기브 앤 테이크에서 더욱 조심해야 할 것은 'Give'는 순수한 마음으로 '기부(寄附)' 해야 한다는 사실이다. 돌려받을 것을 생각하고 계산적으로 주는 사람에게는 정 떨어지고 부담감만 형성된다. 아무런 조건 없이 순수한 마음으로 주는 사람이라야 감사한 마음과 상대방에게 보답하려는 마음이 생겨난다.

얼마 전 안산 CEO아카데미에 특강을 나갔을 때의 일이다. 인간관계를 잘하는 비결로 관심, 공감, 배려에 대해 설명을 하던 중 자연스럽게 순천에서 있었던 일화를 소개하게 되었다.

"여러분, 저와 같은 강사에게 배려해줄 수 있는 일은 뭐가 있을까요? 경청, 고갯짓, 대답 잘해주는 것, 시원한 물이나 음료, '감사

합니다'라는 말 한마디…. 아마도 이런 일들을 베풀어줄 수 있을 겁니다. 그런데 제가 가장 따뜻하게 생각하고, 인간적으로 가슴에 와 닿는 배려는 무엇인지 아십니까? 강의가 끝나면 5만 원씩 걷어서 주는 겁니다."

이 부분에서 대부분의 교육생들은 웃음이 터진다. 잠시 뜸을 들였다가 계속해서 말을 이어갔다.

"아마 제가 방금 한 말을 농담으로 생각하는 분도 있을 겁니다. 네, 실제로 그 말은 농담입니다. 그런데 몇 개월 전 순천 시민아카데미에 특강을 갔을 때의 일입니다. 그때도 지금과 똑같은 농담을 했습니다. 그랬더니 강의가 끝난 후에 한 여성분이 다가와 만 원짜리 1장을 내밀더군요. 깜짝 놀란 제가 농담을 한 것이라며 극구 사양하는데도 서울 올라가는 길에 휴게소에서 음료수라도 사 먹으라며 억지로 손에 쥐어주고는 총총걸음으로 사라져버렸습니다.

비록 만 원에 불과했지만 저는 그분에게 깊은 감동을 받았습니다. 사회에서 배려가 중요하다고 말하는 사람은 많지만 실제로 실천하는 사람은 많이 보지 못하였습니다. 기브 앤 테이크가 인간관계의 기본법칙이라고 말하면서도 행동으로 옮기는 사람도 별로 본 적이 없습니다. 그런데 강의 중에 우스갯소리로 한 농담을 가볍게 흘려듣지 않고 곧바로 실천에 옮긴 분을 처음 만난 것입니다.

당연한 이야기지만 인간관계는 아는 것이 중요한 게 아니라 실천이 중요한 법입니다. 지금까지 말씀드린 관심, 공감, 배려의 방법을 머릿속에만 담아두지 마시고 가족, 친구, 직장 사람들에게 꼭 실천해보시길 부탁드립니다."

그렇게 강의를 마무리한 후 내 책을 구입한 분들에게 사인을 해주는 시간을 가졌다. 한 분 한 분 정성껏 사인을 하고 드디어 마지막 분 차례가 되었다. 50대 초반으로 보이는 여성분이었다. 반갑게 인사를 나누고 사인을 하는데 갑자기 큰 봉투 하나를 내민다. 무엇이 들어있는지 살펴보려는데 집에 가서 열어보라며 극구 만류를 했다. 궁금했지만 말한 대로 그냥 집으로 돌아왔다. 옷을 갈아입고 잠시 휴식을 취한 후 책상에 앉아 봉투를 열어보았다. 그러고는 깜짝 놀라고 말았다. 봉투 속에는 현금 5만 원이 가지런히 들어 있었다. 강의 중에 한 이야기를 듣고 직접 행동으로 옮긴 것이다. 며칠 후 전화를 걸어 감사의 뜻을 표하고 맛있는 식사를 대접했다.

지금까지 수천 명이 넘는 사람에게, 수백 번도 넘게 똑같은 이야기를 들려줬지만 이렇게 농담으로만 흘려듣지 않고 직접 실천에 옮긴 사람은 딱 2명뿐이었다. 이분들에게는 반드시 큰 성공과 행복이 함께 할 것이라 믿는다.

다시 한번 말하지만 인간관계는 어디까지나 기브 앤 테이크다. 그러나 받을 것을 전제로 주어서는 절대로 안된다. 오직 순수한 마음으로 기부(寄附)하듯이 주어야 한다. 그리고 그것이 인간관계에서 더욱더 강한 신뢰감을 형성하는 비결이다. 인간관계에서 주기 행동은 다음과 같은 4가지 유형으로 나타난다.

- 첫째, 정서적 지지를 제공하는 방법으로 나타난다.
- 둘째, 호의를 제공하는 방법으로 나타난다.
- 셋째, 물질을 제공하는 방법으로 나타난다.
- 넷째, 도움을 제공하는 방법으로 나타난다.

2

신뢰를 위해
정서적 지지를 보내라

　주기 행동의 첫 번째 유형은 정서적 지지를 통해 나타난다. 정서는 외부 자극에 대한 반응으로 사람의 마음에 일어나는 여러 가지 감정, 또는 감정을 불러일으키는 기분이나 느낌을 말한다. 정서는 주로 외부 자극에 의해 형성되지만 때로는 기억이나 상상 같은 내부 자극에 의해 유발되기도 한다. 따뜻한 커피를 마시는 상상을 했을 때 우리는 즐겁고 평온한 감정(정서)을 느낄 수 있다.
　정서는 분노·슬픔·기쁨·놀람 등 '1차적 감정'과 자신의 감정과 타인의 감정을 복합적으로 고려해 생겨나는 공감·질투심·수치심 등의 '2차적 감정(자아의식적 감정)'으로 나뉜다. 다른 기준으로 분류하면 기쁨, 행복 같은 긍정적 정서와 분노, 질투심, 수치심 같은 부정적 정서로 구분할 수 있다.

신경과학의 연구결과에 따르면 정서는 뇌의 변연계에서 촉발돼 전두엽에서 실행된다. 이러한 사실은 사람의 정서체계가 오랜 시간에 걸친 진화의 산물임을 의미하는 것으로 해석된다. 최근 심리학계의 연구결과는 정서가 성공적인 사회생활과 원만한 인간관계를 이끄는 핵심적인 요소라는 뒷받침을 해주고 있다.

실제로 우리는 자신의 기분을 잘 알아주고 어려움이 생겼을 때 정신적인 위로와 지지를 보내주는 사람과 친밀한 관계로 발전한다. 내가 느끼고 있는 감정을 잘 알아차리지 못하거나 슬픔이나 고독감, 분노의 감정을 느끼고 있을 때 아무런 정서적 지지를 보내주지 않는 사람과는 관계가 소원해진다. 사람은 사회생활을 하면서 새로운 변화, 주변환경의 위협, 사랑하는 사람이나 소유물의 상실 등으로 인한 다양한 스트레스를 겪게 되는데 정서적 지지는 이런 스트레스를 해소시켜주는 데 있어서도 커다란 효과를 발휘한다.

미국 사우스플로리다 대학교 심리학자 조나단 로텐버그 박사 팀은 일반인이 실제로 운 사례 3,000건을 수집해 울고 난 뒤에 기분이 어떻게 변화하는지를 연구했다. 그 결과, 울고 난 후 3분의 2는 기분이 좋아졌지만 나머지 3분의 1은 별다른 차이를 느끼지 못했다고 대답했다. 오히려 10분의 1 정도에 해당되는 사람들은 울기 전보다 오히려 기분이 나빠졌다고 대답했다. 울고 난 뒤에 가장 큰 기분전환 효과를 봤다고 대답한 것은 우는 도중 누군가가 옆에서 등을 토닥거려주며 위로해준 경우로 나타났다.

이처럼 정서적 지지는 기분을 전환시켜줄 뿐만 아니라 자기공개를 촉진시켜준다. 우리는 자신이 겪고 있는 감정을 잘 이해하고 지지해주는 사람에게 마음의 문을 활짝 열게 된다. 따라서 누군가와 성공적인 인간관계를 만들기 위해서는 상대방에게 정서적 지지를 보내주는 것이 중요하다.

정서에는 여러 가지 종류가 있다. 왓슨Watson은 사랑·분노·공포의 3가지 정서를, 에크먼Ekman은 행복·슬픔·분노·공포·혐오·놀람의 6가지 정서를 기본정서라고 주장했다. 프루치크Plutchik는 공포·분노·기쁨·슬픔·수용·혐오·기대감·놀람의 8가지를 기본정서로 이해하고, 이런 기본정서들이 혼합되어 사랑·실망 등 조금 더 복잡한 정서가 형성되는 것으로 설명했다. 이런 다양한 감정들에 대한 정서적 지지Emotional Support는 다음과 같은 유형으로 이뤄질 수 있다.

- **칭찬** : 상대방의 좋은 점이나 착하고 훌륭한 점을 인정해주는 것이다. 막스 뮐러는 "칭찬이라는 것은 배워야 할 예술이다"라고 말하였다. 우리는 다른 사람을 칭찬하는 법을 배워야 한다.

- **격려** : 용기나 의욕이 솟도록 긍정적이고 적극적인 말로 북돋아주

는 것이다.

- **위로** : 따뜻한 말이나 행동으로 괴로움을 덜어주거나 슬픔을 달래주는 것이다.

- **공감** : 상대방의 생각, 의도, 감정에 대해 같이 느끼고 있음을 전달해주는 것이다.

- **지지** : 상대방의 생각, 의견, 주장에 대하여 찬성, 신뢰감을 표현해주는 것이다.

- **존중** : 상대방의 말, 행동, 생각을 인정, 수용해주는 것이다.

- **축하** : 상대방의 좋은 일을 함께 기뻐하고 즐거워해주는 것이다.

- **축복** : 상대방의 성공이나 행복, 발전을 빌어주는 것이다.

- **감사** : 상대방의 말, 행동, 태도에 대해 고마움을 표현하는 것이다.

- **애정표현** : 상대방에게 사랑, 애정 등 호의적인 감정을 표현하는 것이다.

아가일Argyle과 헨더슨Henderson은 사람들 사이에서 우정이 깨지는 이유를 조사했다. 그 결과 우정이 약화되는 이유로는 친구의 비밀을 다른 사람에게 누설, 도움이 필요할 때 거부하거나 회피, 공개적인 잔소리나 비난을 일삼음 등의 원인이 있었지만 가장 큰 문제는 상호 간에 지속적인 신뢰나 존중, 위로와 같은 정서적 지지를 보여주지 않기 때문인 것으로 나타났다. 정서적 지지를 받지 못하면 상대방에 대한 관심과 접촉이 줄어들고 그 결과 자연스럽게 인간관계 약화와 단절을 불러오는 것이다.

따라서 다른 사람과 친밀하면서도 신뢰할 수 있는 관계를 만들고 싶다면 가장 먼저 노력해야 할 일은 정서적 지지를 지속적으로 보내는 것이다. 이는 필연적으로 상대방에 대한 관심과 이해, 상대방의 생각과 감정을 공감하려는 노력을 요구한다. 정서적 지지를 위해서는 다음과 같이 실천해야 한다.

첫째, 상대방의 입장, 상황을 알아본다. 상대방이 지금 어떤 상황에 놓여있는지를 파악해보자.

둘째, 상대방의 기분을 헤아려본다. 상대방이 지금 느끼고 있는 감정, 정서를 공감해보도록 하자.

셋째, 정서적 지지 방법을 결정한다. 상대방이 겪고 있는 감정이 긍정적 정서인지 부정적 정서인지, 어떤 원인에서 비롯된 정서인지에 따라 칭찬·축하·위로·존중 등의 방법을 결정한다.

넷째, 적절한 매체와 환경을 선택한다. 직접대면, 전화, 메일, 문자메시지 등 정서적 지지를 보내기에 가장 적합한 커뮤니케이션 매체와 시·공간적 환경을 점검한다.

다섯째, 일상적, 지속적, 반복적으로 시도한다. 정서적 지지는 특별한 상황에만 국한하지 말고 지속적, 반복적으로 시도한다. 상대방에 대한 호의적인 감정, 칭찬과 존중, 신뢰의 감정을 일상적으로 전달한다.

정서적 지지는 인간관계에서 주기 행동의 첫 번째 유형이다. 좋아하는 사람에게는 정서적 지지가 자연스럽게 일어나지만 그렇지 못한 관계에서는 상대방의 정서에 무관심하거나 무감각하기 마련이다. 공감력이 높은 사람은 타인의 감정을 이해하고 정서적 지지를 보내는 일이 쉽지만 그렇지 못한 사람은 타인의 감정을 이해하거나 정서적 지지를 보내지 못한다. 따라서 정서적 지지는 의식적인 노력과 훈련을 통해서만 실천가능한 대인행동이다. 가족, 친구, 직장 사람들, 사회에서 만나는 모든 사람들에게 정서적 지지를 보내는 연습을 하라. 인간관계의 기본은 기브 앤 테이크이며, 기브 앤 테이크의 첫걸음은 정서적 지지에서부터 출발하는 것이다.

3

물질에 집착하지 말고 베풀어라

　주기 행동의 두 번째 유형은 물질을 제공하는 것이다. 우리 속담에 "미운 사람 떡 하나 더 준다"는 말도 있듯이 물질을 베푸는 것은 상대방과의 좋은 관계를 형성하는 가장 좋은 방법 중 하나다. 인간관계는 어디까지나 상호적으로 작용한다. 내가 주는 만큼 돌려받는다.

　그러나 실제로는 매우 불균형하게 작용한다. 사람들은 대부분 누군가와의 인간관계를 평가할 때 상대방에 비해 자신이 손해를 보고 있다고 생각한다. 그 이유는 자신이 준 것은 확실하게 기억하지만 상대방에게서 받은 것은 쉽게 잊어버리고, 자신이 준 것의 가치는 높게 평가하면서도 상대방에게서 받은 것은 낮은 가치를 부여하기 때문이다.

따라서 인간관계에서는 248의 법칙을 기억해야 한다. 다른 사람에게 2개를 받고 싶으면 4개를 줘야 하고, 4개를 받고 싶으면 8개를 줘야 하다. 인간관계는 절대로 공평하지 않다. 그것을 인정해야 좋은 인맥이 형성된다.

영국 케임브리지 대학교의 토니 마틴 박사 팀은 돌고래를 관찰해 흥미로운 연구결과를 얻었다. 열대우림 지역에 사는 6천 마리의 돌고래를 3년 동안 관찰한 결과, 사람들이 데이트를 할 때 연인에게 꽃다발을 선물하는 것과 마찬가지로 돌고래들도 장차 짝이 될 상대에게 선물을 선사하는 광경을 목격한 것이다. 그들이 주로 선사한 선물은 진흙이나 잡초 또는 나뭇가지였다고 한다. 남극에 사는 아델리 펭귄에게 가장 훌륭한 선물은 돌멩이다. 수컷은 관심이 가는 암컷에게 잘 고른 돌멩이를 선물한다. 암컷이 그 돌멩이 선물을 받아들이면 짝이 되고, 수컷은 더 많은 돌멩이를 둥지로 모아온다.

일본 〈아사히신문〉의 보도에 의하면 수컷 침팬지도 암컷에게 과일이나 농작물 등을 선물하며 구애하는 것으로 알려졌다. 연구를 주관한 교토 대학교 영장류연구소의 오오하시 가쿠(大橋岳) 교수는 "지난 3년간 서아프리카의 기니 보소우 마을에서 침팬지의 '농작물 서리'가 786회 관찰되었는데 이 중 수컷 침팬지가 암컷에게 파파야 열매를 바쳤던 경우가 21회였다"고 밝혔다. 또 "파파야를 받은 암컷 침팬지의 대부분은 임신 중이었거나 발정기였고, 이후 수컷과의 교미가 이루어졌다"고 덧붙였다.

BBC 등 영국 언론들은 독일의 막스 플랑크 진화인류학연구소가 진행한 야생 침팬지들에 대한 추적 조사 결과를 보도했다. 이 조사에 따르면 포획물을 암컷과 공유하는 수컷 침팬지의 경우 그렇지 않은 '이기적' 수컷에 비해 2배 가량 자주 짝짓기를 하는 것으로 조사됐다.

이처럼 선물을 줘야 구애에 성공하는 경우는 춤파리에서도 관찰된다. 수컷 춤파리는 암컷에 구애할 때 앞다리에서 뽑은 실로 먹이를 선물한다.

동물과 마찬가지로 인간관계에서도 선물이나 물질의 제공은 좋은 관계를 형성하기 위한 구애행동으로서의 역할을 수행한다. 물질의 제공은 다음과 같은 유형으로 분류할 수 있다.

- **증여** : 증여는 물품 따위를 무상으로 주거나 선물하는 것이다.
  예) 용돈을 준다, 꽃이나 목걸이를 선물한다

- **대여** : 대여는 물품 따위를 유상, 또는 무상으로 빌려주는 것이다.
  예) 낮은 이자로 돈을 빌려준다, 자전거를 무료로 빌려준다

- **공유** : 공유는 물품 따위를 함께 사용하는 것이다.
  예) 숙소를 함께 사용한다, 창고를 함께 사용한다

인간관계에서 물질의 제공은 다양한 경우에 나타난다. 선물(증여)은 생일, 결혼, 명절, 발렌타인데이, 입학, 졸업, 개업, 집들이 등의 상황에서 이뤄진다. 또한 상대방에게 특별한 호감을 표시하거나 상대방의 도움이 필요할 때, 상대방으로부터 받은 호의에 대해 감사의 마음을 표현하고 싶을 때 선물을 제공하게 된다. 선물에는 용돈이나 꽃다발, 반지 등에서부터 아파트나 땅, 자동차, 주식이나 채권에 이르기까지 무수히 많은 유형이 존재한다.

한편 대여와 공유를 통한 물질의 제공은 일상 속에서 발생한다. 우리는 다른 사람에게 책이나 노트, 옷을 빌려주기도 하고, 누군가와 사무실을 함께 사용하기도 한다. 보험 영업사원들을 만나보면 껌이나 사탕, 초콜릿, 볼펜을 주는 사람들이 많다. 최근에 어떤 모임에서 만난 자동차 영업사원은 사람들에게 행운의 2달러를 선물로 나눠줬다. 또 다른 영업사원은 정성껏 만든 봉투에 1천 원짜리 로또를 담아 선물하는 모습을 본 적도 있다.

이렇듯 선물이나 물질의 제공은 인간관계에서 빈번하게 일어나며 관계의 발전에 많은 영향을 준다. 누군가와 좋은 관계를 만들고 싶으면 상대방에게 선물, 물질을 많이 제공하라.

알렉산더 대왕은 죽음을 맞으며 다음과 같은 유언을 남겼다. "내가 죽거든 나의 관 양쪽에 구멍을 뚫어 내 빈손이 모든 사람에게 보이게 하라." 사람은 모두 빈손으로 태어나 빈손으로 돌아가는 것이다. 알렉산더 대왕이 남긴 교훈을 명심하고 내가 가진 물질에 너무 욕심을 부리지 마라. 어차피 빈손으로 돌아갈 운명이니 아낌없이 나눠주는 사람이 되라.

4

상대방이 필요로 하는 것을 베풀어라

주기 행동의 세 번째 유형은 도움을 제공하는 것이다. 인간관계의 기본원리를 기브 앤 테이크라고 말하는데 여기서 이야기하는 'Give'가 바로 도움을 제공하는 것을 의미한다. 사람은 사회생활 속에서 많은 도움을 주고받으며 살아간다. 내가 필요로 하는 도움을 제공해주는 사람과는 밀접한 관계가 유지되지만 내가 원하는 도움을 제공해주지 않는 사람과는 인간관계가 멀어진다.

사회학 용어로 '심리적 계약의 준수'라는 말이 있다. 인간관계를 맺고 있는 두 사람이 서로에게 지니고 있는 묵시적인 기대감을 '심리적 계약'이라 말한다. 심리적 계약은 여러 가지 형태로 나타난다. 지속적인 관심과 애정에 대한 기대감, 특정한 체험을 함께 할 수 있을 것이라는 기대감, 자신의 일에 도움을 줄 것이라는 기대감 등이 있다. 인간관계에서 '심리적 계약'이 지켜지면 신뢰감이 형성되며 관계가 밀접해지지만 심리적 계약이 지켜지지 않으면 실망감이 형성되고 관계가 약화되거나 단절된다.

특히 인간관계는 10마디 말보다 1번의 실천이 중요하다. 입으로는 우정과 헌신을 약속하면서도 현실적인 어려움에 처했을 때 실제적인 도움을 제공하지 않는다면 인간관계는 곧 무너지기 마련이다. 이처럼 인간관계에서는 상호 간의 신뢰가 중요하다. 그런데 신뢰의 특징은 형성되기는 어려워도 깨지기는 매우 쉽다는 점이다. 인간관계에서는 10번을 잘 하다가 1번만 잘못해도 서로에게 등을 돌리고 관계를 망치는 경우가 허다하다. 따라서 인간관계에서는 항상 911의 법칙을 명심해야 한다. 911의 법칙은 9번을 잘했으면 그 다음 10번, 11번째도 잘하도록 조심해야 한다는 뜻이다.

흔한 일이지만 처음 만났을 때와 달리 조금만 친해지면 말이나 행동에 조심성이 없어진다. 그러다보면 자신도 모르게 상대방의 감정을 상하게 만들고 처음에는 좋았던 인연이 어느새 좋지 못한 인연으로 바뀌게 된다. 좋은 관계를 유지하려면 9번 잘했을 때부터 실수나 잘못이 생기지 않도록 경계하라.

인간관계를 잘 하려면 상대방이 나에게 기대하고 있는 도움을 제공하는 것이 매우 중요하다. 한걸음 더 나아가 상대방이 미처 기대하지 못했던 도움을 주는 것도 더욱더 높은 유대감과 신뢰감을 형성시켜줄 수 있다. 고객감동과 마찬가지로 인간관계에서도 감동을 받은 사람이 충성인맥이 되기 때문이다.

그런데 감동은 역치를 초과하는 수준의 자극을 받았을 때 이뤄진다. 역치란 "생물체가 자극에 대한 반응을 일으키는데 필요한 최소한도의 자극의 강도를 나타내는 수치"를 의미하는데 웃기는 영화를 보거나 슬픈 영화를 보았을 때 사람마다 반응이 다른 것은 각각의 역치 크기가 다르기 때문이다. 따라서 상대방의 역치를 초과하는 수준으로 도움을 제공하면 감동을 줄 수 있고, 그러면 좋은 관계가 형성된다.

학자들의 조사에 의하면 남에게 베푸는 사람이 그렇지 않은 사람들에 비해 오래 산다고 한다. 미국 미시간 대학교 사회연구소의 심리학자 스테파니 브라운 박사는 심리학 전문지 〈심리과학〉에 발표한 연구보고서에서 자기만 아끼고 남을 돕지 않는 사람이 남에게 도움을 주는 사람보다 일찍 죽을 가능성이 2배 이상 높다고 밝혔다.

브라운 박사는 무작위로 선정된 423쌍의 노(老)부부를 대상으로 5년간(이 기간 중 134명 사망)에 걸쳐 실시한 조사·분석 결과 이 같은 사실이 밝혀졌다고 말하며, 이는 연령·성별·신체·정신·건강 등 수명과 관련된 여러 요인들을 감안한 것이라고 밝혔다. 브라운 박사는 면담조사를 통해 이들 노부부가 도움이 필요한 친구, 이웃, 친척들을 위해 가사를 돕거나 아이를 돌봐주거나 심부름 등의 일을 하고 있는지, 자신이 도움이 필요할 때 친구나 가족들의 도움을 어느 정도 기대할 수 있는지 등을 물었다. 여성은 72%, 남성은 75%가 조사 전년도에 아무런 대가 없이 남을 도와준 것으로 나타났다. 남에게서 도움을 받은 사람은 수명에 별 이익이 없는 것으로 밝혀졌다. 브라운 박사는 장수 비결이 받는 것이 아니라 주는 것이라고 강조했다.

이처럼 도움을 제공하는 것은 인간관계를 밀접하게 하면서 자신의 수명에도 좋은 영향을 미치는 일이다. 조지 엘리어트는 "인생살이를 서로 덜 힘들게 만들려 애쓰지 않는다면 우리는 무엇 때문에 사는가?"라는 말을 남겼고, 칼릴 지브란은 "도와달라는 말을 듣고 도와주는 것도 좋은 일이지만 도움을 청하기 전에 미리 알아서 도와주는 것은 더욱 좋은 일이다"고 말했다. 성공적인 인간관계를 만들고 싶다면 다른 사람의 요청을 받기 전에 미리 알아서 도움을 제공해보자. 도움의 제공은 다음과 같은 요소를 참고로 실천하면 된다.

- 일 : 상대방이 하고 있는 사업이나 업무에 도움을 줘라.
- 취미 : 상대방의 좋아하고 즐기는 취미생활을 찾아서 도움을 줘라.
- 건강 : 상대방의 건강, 신체적 상황에 관심을 갖고 도움을 줘라.
- 가족 : 상대방의 가족과 관련하여 자녀교육, 진로 상담, 취업, 결혼 등에 도움을 줘라.
- 꿈(목표) : 상대방이 이루고자하는 꿈이나 목표에 도움을 줘라.

이외에도 인간관계에서 다른 사람에게 제공할 수 있는 도움에는 다양한 방법들이 존재한다. 그러나 사람들은 일·건강·취미·가족·꿈에 관련된 도움을 받으면 특별히 고마움을 더 느낀다. 따라서 다른 사람에게 도움을 제공할 때는 가장 먼저 5가지 항목에 해당되는 도움을 주는 것이 좋다.

　중요한 것은 내가 줄 수 있는 것을 주는 것이 아니라 상대방이 필요로 하는 것, 상대방에게 도움이 되는 것을 줘야한다. 그리고 상대방이 감동받을 수 있도록 상대방의 역치를 초과하는 수준으로 줘야한다는 사실을 기억해야 한다.

5

능동적으로
호의를 베풀어라

　주기 행동의 네 번째 유형은 호의를 제공하는 것이다. 호의는 친절한 마음씨, 또는 좋게 생각해주는 마음이다. 다른 사람에게 호의를 제공한다는 것은 친절하고 좋은 마음을 베푸는 것이며, 배려와 비슷한 의미라고 말할 수 있다. 다만 배려는 일상생활에서 수동적으로 생겨나는 작은 관심과 보살핌을 의미하는 반면에 호의제공은 적극적이고 능동적인 후원활동을 의미한다. 따라서 배려는 호의제공의 한 유형으로 이해할 수 있다. 우리는 호의를 제공해주는 사람에게 호감과 신뢰감을 가지며 인간관계를 가까이 하게 된다. 상대방이 호의를 제공한다는 것은 나에 대해 좋은 마음을 가지고 있다는 실제적인 증거로 인식되기 때문이다.

  이스라엘 히브리 대학교 연구진이 일반인 203명을 대상으로 흥미로운 실험을 했다. 먼저 실험 참가자들에게 각각 12달러(약 1만 5000원)씩 쥐어줬다. 그리고 "당신은 그 돈을 모두 가질 수도 있고, 돈의 전부 또는 일부를 타인에게 기부할 수도 있다"는 선택의 기회를 주는 게임을 실시했다. 참가자 중 평균적으로 절반 이상의 돈을 기부한 사람의 'AVPR1a 유전자'를 조사해 보니 프로모터Promoter라는 핵심 요소가 더 긴 것으로 나타났다. AVPR1a 유전자는 사회적인 유대감과 관련되는 '바소프레신'이라는 호르몬이 뇌세포에 작용하게 하는 역할을 한다.

  미국 조지아의 에모리 대학교 래리 영 박사 팀은 들쥐를 대상으로 실험을 했다. 성실한 수컷 들쥐에게 바소프레신을 차단하는 약물을 투여하고, 암컷에게 옥시토신(신뢰감과 친밀감을 느끼게 하는 호르몬)을 차단하는 약물을 투여했더니 평소에는 암컷에게 자상하던 수컷이 교미가 끝나자마자 자취를 감췄고, 암컷도 수컷에 대해 흥미를 보이지 않았다. 반대로 바소프레신과 옥시토신 수용체의 양을 늘렸더니, 바람둥이 수컷 들쥐들이 갑자기 암컷과 새끼를 돌보는 데 전념하더라는 것이다.

  기브 앤 테이크를 말하는 사람은 많지만 실제로 실천하는 사람은 많지 않다. 아마도 바소프레신, 옥시토신 같은 호르몬이나 다른 유전자가 원인인지도 모르겠다. 그러나 좋은 관계를 만들려면 내가 먼저 상대방에게 호의를 제공하고 배려해야 한다. 호의 제공은 다음과 같은 유형으로 실천할 수 있다.

- 환대 : 상대방에게 대접을 하거나 편의를 제공한다.
  예) 차나 음료를 제공한다, 식사나 술을 대접한다, 숙소를 제공한다

- 체험 : 상대방에게 경험을 시켜준다.
  예) 영화나 공연을 보여준다, 드라이브나 여행을 시켜준다

- 배려 : 상대방에게 도움이 되는 사항을 보살펴주거나 양보한다.
  예) 추운 날씨에 외투를 벗어 입혀준다, 식사 순서를 양보한다

6장
출구 없는 미로, 갈등에서 벗어나자

1

갈등 없는 인간관계는 없다

안녕하십니까?

겨울답지 않게 포근함이 느껴지는 날씨입니다.

저는 ○○부에 근무하는 최말단 직원 전예은입니다.

며칠 전 선생님 강의를 듣고 《인간관계, 맥을 짚어라》라는 책을 선물로 받았습니다. 좋은 책을 주셔서 감사하게 잘 읽고 있습니다.

저도 언젠가는 선생님께 의미 있는 선물을 보낼 날이 있었으면 하는 바람입니다.

몇 번 고민하다가 선생님께 이렇게 편지를 쓰게 된 이유는 직장에서의 힘든 인간관계 문제입니다. 서두에 말씀드렸듯이 저는 최말단 직원이고, 상대 쪽은 같은 부서에서 근무하는 과장입니다. 당연 말도 안되는 형국이죠? 저는 말단(약자)이고, 상대는 과장(강자)…, 후후. 다른 분들과는 딱히 나쁜 관계라 할 것 없이 그 동안 지내왔습니다만, 유달리 그분과는 친해지기는커녕 시간이 갈수록 점점 더 멀어지는 관계입니다.

그분을 처음 만난 것은 2년 전이었습니다. 그 당시 딱히 좋은 첫인상은 아니었지만, '일에 지쳐서 그런가보다'라고 생각하고 별다른 감정은 없었습니다. 그런데 최근 제3자의 개입으로 약간의 이간질 같은 것이 있은 후로 저를 대하는 눈빛과 행동이 점점 더 싸늘해지더군요.

저는 직장생활에서 남에게 별다른 흠을 잡히거나, 싫은 소리를 듣고 지낸 적은 없는 편이며, 일도 성실하게 최선을 다하는 타입입니다. 그쪽 과장은 고시 출신에 실력 있는 분으로 일명 '말빨'도 세다고 할 수 있습니다. 이간질시킨 사람은 과장과 대학 동문으로 윗분들께는 일명 '손바닥을 잘 비비는' 스타일….

선생님께 초면에 이렇게 제 이야기만 늘어놓아 죄송스럽습니다.

이런 경우 제가 어떻게 풀어가야 할지 좋은 조언을 부탁드립니다. 선생님의 답변을 받는 것을 무한한 영광으로 삼겠습니다.

선생님의 건승을 빕니다!

얼마 전에 정부기관의 워크숍에서 인간관계에 대한 특강을 하였는데 그때 교육에 참석했던 사람인 모양이다. 얼마나 괴롭고 답답하였으면 처음 만난 나에게까지 메일을 보냈을까 생각하니 마음이 무척 안쓰러웠다. 누군가가 "세상에서 가장 어려운 일이 무엇입니까?" 하고 물으면 나는 주저 없이 "인간관계와 갈등"이라고 대답할 것이다.

인생에서 행복을 좌우하는 것은 돈·명예·권력이 아니라 인간관계다. 인간관계가 행복하면 삶이 행복하고, 인간관계에 갈등이 많으면 삶은 불행하다. 우리는 돈·명예·권력을 소유하기 위해 애써야 하지만 그것 못지않게 갈등을 만들지 않도록 노력하며 살아야 한다.

그러나 갈등은 불청객과 같다. 초대하지 않아도 항상 내 주변을 맴돌다가 어느 날 불쑥 문을 열고 들어온다. 그러면 평온했던 휴일 낮의 한가로움은 끝나고 팽팽한 긴장과 대결의 총성 없는 전투가 벌어진다. 언제 끝날지 어떻게 끝날지 아무도 예측할 수 없는, 어느 쪽도 승자가 되지 못하는 전쟁이 시작되는 것이다. 그리고 서로가 자신의 명분과 승리를 확신하며 상대방을 굴복시키기 위해 모든 수단과 방법을 동원한다. 결국 전쟁이 끝날 때는 가슴 깊이 새겨진 상처와 증오, 복수의 감정만이 남은 폐허뿐이다. 그나마 다행인 것은 수많은 전쟁을 통해 전쟁을 예방하는 방법을 깨우쳐왔듯이 수많은 갈등을 경험하며 슬기롭게 갈등을 극복할 수 있는 지혜에 대해서도 조금씩 배워가고 있다는 사실이다.

언제 답신을 쓸까 고민하다 아무래도 바로 보내주는 것이 좋겠다고 생각했다. 내가 들려주는 조언이 해결책이 될 수 있을지는 모르겠지만 자신의 고민에 대해 한시라도 빨리 조언을 듣고 싶어할 것은 분명했기 때문이다. 잠깐 머릿속에 있는 생각을 정리한 후 편지를 쓰기 시작했다.

예은 씨, 안녕하세요!

메일을 읽어보니 마음의 고통과 상처가 무척이나 크리라 생각됩니다. 세상에서 가장 어려운 게 인간관계에서 생겨나는 갈등이죠.

지금 매우 힘든 상황에 놓여있으리라 판단되는데 아무쪼록 힘내시고 어서 빨리 좋은 관계가 회복되길 응원합니다.

먼저 기분전환되라고 썰렁한(?) 유머 하나 적어보냅니다. 초등학교 시험문제라고 하는데 엉뚱한 대답이 많네요.

질문 : 옆집 아주머니가 맛있는 사과를 주셨습니다. 뭐라고 인사해야 할까요?
정답 : 아이고, 뭘 이런 걸 다….

질문 : 부모님은 왜 우리를 사랑하실까요?
정답 : 그러게나 말입니다.

질문 : 사람들은 왜 옷을 입을까요?

정답 : 저도 그게 불만입니다.

조금 웃었나요?

작은 목소리로 웃었다면 조금 더 큰 목소리로 웃고, 전혀 웃지 않았다면 저를 생각해서라도 살짝 한 번 미소 지어주세요. 스마일~ ^^

"행복한 사람은 행복해지는 것을 선택했을 뿐이다"라는 말 아시죠? 갈등의 순간에도 반드시 행복해지는 쪽을 선택하기 바랍니다.

예은 씨,

내가 가장 먼저 이야기하고 싶은 건 어떠한 불행도 영원히 지속되는 것은 없고, 사람의 인연도 만남이 있으면 헤어짐이 있기 마련이라는 사실입니다.

과장님과 원만한 관계가 이루어지도록 노력하되 언젠가는 다른 부서로 헤어질 날이 찾아오리라는 것도 잊지 마세요.

곧 지나갈 일이라고 생각하면 마음이 조금 편안해질 겁니다.

그리고 한 가지를 더 부탁하자면 현재 겪고 있는 갈등을 스트레스로만 생각하지 말고 나의 대인관계능력을 향상시키는 게임이라고 생각하세요.

상대방의 마음을 열고 진솔한 대화를 이끄는 능력, 상대방의 생각과 감정을 이해해 주는 공감력, 나의 입장과 상황을 상대방에게 이해시킬 수 있는 전달력, 서로의 불만과 요구사항에 대해 협상과 절충을 시도하여 원만한 합의점을 도출해 내는 협상력, 설득력을 기르는 일종의 리더십 게임이라고 생각해 보세요. 어떻게 하면 과장을 설득하여 내 편으로 만들 수 있는지 고민해보기 바랍니다.

자~ 이제부터 예은 씨의 갈등을 해결하기 위한 몇 가지 참고사항을 이야기합니다. 다만, 아쉬운 점은 예은 씨가 보낸 메일만으로는 갈등의 원인이 무엇인지 정확하게 파악하기가 어렵네요. 과장님이 왜 예은 씨를 싸늘한 눈빛으로 바라보는지 힌트가 별로 없어요.

제가 알 수 있는 정보가 너무 부족하기 때문에 갈등을 해결하는 데 필요한 기본적인 개념들을 알려드리는 것이니 예은 씨의 상황에 맞게 잘 응용해서 이해해주길 부탁합니다.

첫째, 갈등의 원인이 무엇인지 생각해보세요. 갈등이라는 것은 상대방의 마음속에 나에 대한 부정적인 감정이 형성되어 그것이 대립과 반목으로 나타나는 현상입니다. 지금 과장님은 예은 씨에게 어떤 감정을 지니고 있을까요?

1) 불안, 불신감

2) 분노, 원망, 증오

3) 시기, 질투

4) 수치심, 죄책감

5) 경멸, 혐오감

6) 배신감, 실망감

둘째, 과장은 왜 예은 씨에게 그런 감정을 지니게 되었을까요? 이간질한 제3자는 무엇이라고 뒷담화를 했을 것이라고 생각하나요?

1) 처음에 만났을 때부터 반감을 가지고 있었다.
2) 가치관의 차이가 심해서 그런 것 같다.
3) 일이나 부서 업무를 처리하는 방법에 차이가 많기 때문에 그런 것 같다.
4) 일이나 부서 업무를 할 때 서로의 이해관계가 충돌되는 일이 있었다.
5) 감정이나 자존심에 상처를 받았다.
6) 나에 대해 무언가를 오해하는 것 같다
7) 제3자는 무엇이라고 이간질을 한 걸까요?

셋째, 원인이 파악되었다면 과장에게 형성된 부정적인 감정을 어떻게 해소할 수 있을까요? 가령 이런 식으로 생각하면 됩니다. 만약 예은 씨가 자신을 상사로서 충분히 존경하지 않는 것처럼 느꼈다면 과장의 마음속에는 수치심, 모욕감이라는 부정적인 감정이 형성됐을 겁니다. 그렇다면 예은 씨가 가장 먼저 해야 할 일은 존경심을 가지고 있다는 것을 표현하여 과장의 자긍심을 충족시줄 수 있는 말과 행동입니다. 반면에 과장이 경멸, 혐오의 감정을 가지고 있다면 무엇 때문에 그런 감정이 형성되었는지 생각해보고, 그 부분에 대한 적극적인 해명과 정반대의 모습을 보여줌으로써 부정적인 감정이 해소되도록 노력해야 합니다. 일반적으로 과장과의 관계개선을 위해서는 다음과 같은 말과 행동이 선행되어야 합니다.

1) 호감 표현 : 칭찬, 지지, 인정, 존경, 축하, 축복, 감사의 말을 보내기
2) 호의 제공 : 일을 도와주기, 함께 식사하기, 생일이나 경조사 챙기기 등으로 과장에게 호의를 제공
3) 공감 표시 : 상대방의 생각과 입장을 충분히 이해하고 있다는 것을 전달

넷째, 과장과 단둘이 대화할 수 있는 시간을 만드세요. 과장의 마음속에 어떤 생각이 있는지 알 수 있어야 무엇이 문제인지, 어떤 해결방법이 필요한지 판단할 수 있습니다. 자연스러운 기회가 돌아오지 않으면 개인적인 상담이나 면담을 요청하세요. 그리고 둘이서 대화할 자리가 마련된다면 이런 식으로 말해보세요.

"과장님과 친해지고 싶은데 생각대로 되지 않아서 속상해요. 모든게 제 잘못인 것 같은데 어떻게 하면 좋은지 모르겠어요. 아직 나이가(실제 나이가 어떻게 되는지 모르겠지만…) 어려서 실수나 잘못이 많은데 과장님이 지적해주면 열심히 배우고 고칠게요. 동생처럼 생각하고 많이 지도해주세요. 제가 어떤 점을 바꿔야 할까요?"

과장님과 대화할 때 가장 중요한 것은 자신의 행동에 대해 일체 변명이나 핑계를 대지 않는 일입니다. 변명을 해봐야 상대방은 더욱 나쁜 감정만 가지게 됩니다. 또한 상대방에게도 일정 부분 잘못이나 책임이 있다고 추궁하면 안됩니다. 모든 일은 오로지 나 때문에 일어난 일이라고 말하는 편이 훨씬 효과적입니다.

다섯째, 충분한 대화를 통해 과장의 생각을 알게 되고 조금이라도 오해가 풀렸다면 앞으로 조심해야 할 사항을 명확히 정리하여 재발되지 않을 것이라는 점을 밝히세요. 실제로 과장의 마음에 형성됐던 부정적인 감정을 해소시켜줄 수 있는 말과 행동을 지속적으로 반복해야 합니다.

여섯째, 충분한 대화가 이루어지지 않거나 불행하게도 오해가 풀리지 않는다면 할 수 있는 방법은 2가지 정도입니다.
1) 중재 : 주변에 믿을 만한 제3자가 있으면 중재를 부탁해보세요.
2) 회피 : 과장과의 관계를 더 이상 악화시키지 않는 선에서 피하는 것도 상황에 따라서는 불가피한 선택입니다. 또는 다른 부서로 발령이 날 수 있도록 노력해보는 것도 방법이겠죠.

일곱째, 결론입니다. 지금까지 말한 사항을 다시 한 번 요약합니다.
1) 먼저 과장에 대해 좋은 생각만 하세요. 그 사람의 장점과 강점, 인간적인 면모를 찾아보세요. 그리고 그런 부분들에 대해 호감을 갖도록 노력하세요.
2) 과장에게 적극적으로 호감을 표현하고 호의를 제공하세요.
3) 적당한 기회에 대화를 요청하세요.
4) 마음속 이야기, 고민사항을 솔직하게 털어놓으세요(과장과 친하게 지내고 싶은데 안돼서 속상하다. 어떻게 하면 되는지 알려달라는 식으로요).
5) 사람은 절대로 쉽게 바뀌지 않습니다. 과장님을 바꾸려하지 말

고 예은 씨가 바뀌어야 갈등이 해소됩니다. 그러니 예은 씨가 먼저 자신의 모습을 바꾸세요.

　가치관이나 취향, 이해관계에 따른 갈등이라면 양보하세요. 오해에서 비롯되었다면 적극적으로 해명하세요. 감정의 문제라면 칭찬과 사과를 하시고, 존경의 뜻을 보이세요. 무엇보다도 두 사람이 마음속에 있는 생각을 허심탄회하게 이야기할 수 있어야 갈등의 원인과 해법을 정확하게 알 수 있습니다.

　예은 씨, 지금까지 제가 한 말이 얼마나 도움이 될지는 모르겠습니다. 아마 실천하는 일이 매우 어렵게 느껴질 수도 있을 겁니다. 인간관계가 어려운 만큼 그 해법도 쉽지 않다는 점을 명심해야 합니다. 마음에 새겨두면 도움이 될 만한 말 중에 맹자의 말을 적습니다. "사람을 사랑하되 그가 나를 사랑하지 않거든, 나의 사랑에 부족함이 없는가 살펴보라." 이 말도 우리 같은 보통사람들이 실천하기에는 너무나 어려운 이야기지만 곰곰이 생각해보면 인간관계의 본질을 일깨워주는 명백한 진리임에 틀림없습니다. 인간관계는 한번에 100점 만점을 받으려고 하면 안됩니다. 처음에는 50점, 그 다음에는 60점, 70점씩 차근차근 올라가야 합니다.

　예은 씨, 다시 한 번 위로를 보냅니다. 토닥토닥~

　여러 가지로 마음이 힘들겠지만 모든 일은 반드시 끝이 있기 마련이고 시간은 곧 흘러갑니다. 모든 상황을 긍정적으로 생각하고 밝게 대처하기 바랍니다. 동전의 양면이라 생각하고 좋은 쪽만 생각하세요!

　과장님과 좋은 관계가 회복되기를 기원하며, 혹시라도 계속해서 마음이 괴롭고 누군가와 상의하고 싶을 때는 언제든지 편안하게 메일이나 전화주기 바랍니다. 아니면 강남역 인근에 있는 제 사무실로 찾아오셔도 환영입니다.

　예은 씨에게 행운의 여신이 찾아오기를 기원하며, 마음의 평화와 휴식을 축원합니다.

　그럼 이만~!

푸른고래 양광모

　작성한 글을 다시 한 번 읽어보며 몇 군데 내용을 수정한 뒤 메일을 전송했다. 언제나 그렇듯이 신의 가호를 빌면서….

　사실 갈등은 인간의 문제라기보다는 신의 영역이다. 판도라의 상자가 인간을 향한 신의 저주였다면, 그 속에는 분명히 갈등이 존재했을 것이다. 갈등은 출구가 없는 막다른 벽이다. 만약 신이 출구를 마련해주지 않는다면 우리는 갈등에서 벗어날 수 없다. 다만 출구가 있을 것이라고 믿으며 노력할 뿐이다. 그러나 갈등의 진정한 문제는 정답이 없는 문제라는 사실이다. 아니, 정답이 없다기보다는 정답이 너무나 많은 문제라고 표현해야 맞을 것이다.

　세상에는 수없이 많은 갈등이 존재한다. 사람과 상황에 따라서 수많은 갈등이 각기 다른 모습으로 나타난다. 내가 겪었던 갈등을 해결한 비법은 누군가의 갈등을 해결하는 데는 전혀 쓸모없는 무용지물이 된다. 게다가 가장 곤란한 점은 갈등이 심화될수록 갈등 그 자체가 커다란 문제점으로 변한다는 사실이다. 시간이 흘러갈수록 최초에 갈등을 초래했던 원인은 사소하고 지엽적인 요소로 변해버린다.

그리고 갈등을 빚고 있는 상황 자체가 갈등의 원인이 되며 모든 것은 카오스적인 혼란에 빠져버린다. 몇몇의 조치와 일시방편을 시도해봐도 도저히 암흑 속을 빠져나갈 수 없게 된다. 다른 사람들로부터 지혜와 해법을 찾아보지만 어느새 갈등은 암처럼 뿌리를 내려버린다. 갈등이라는 총성 없는 전쟁에서 사람들은 마음에 총상을 입고 고통과 불행 속에 신음한다. 과연 갈등의 만병통치약은 무엇인가? 우리는 어떻게 하면 인간관계 속에서 평화를 찾을 수 있을 것인가?

2

갈등을 피하려면 긍정적으로 반응하라

　'갈등(葛藤)'은 서로 적대시하거나 불화를 일으키는 상태를 의미한다. 갈등은 밖으로 표출되기 전까지는 인지되기 어려우며, 상호 간의 공격적인 말이나 행동을 통해 알려지게 된다. 갈등이란 암과 같다. 초기에 발견하면 쉽게 치료할 수 있지만 발병된 후 시간이 많이 경과하면 완치하는 데 오랜 시간과 노력이 필요해진다. 게다가 너무 늦게 발견하거나 대처가 적절하지 못하면 생명을 잃는 경우도 많다.

　갈등은 보통 다음과 같은 단계를 거쳐 증폭된다. 초기단계에는 작은 실금이 하나 생겨난다. 그 금이 조금씩 벌어져서 틈이 생겨나고, 틈이 점점 벌어지면 골이 패이고, 골이 더욱 깊어지면 심연처럼 깊은 계곡이 만들어진다. 계곡이 한번 생겨나면 바다를 메우는 간척사업보다도 더 많은 시간과 정성이 투여되어야만 갈등을 없앨 수 있다. 따라서 가장 중요한 것은 초기단계에 갈등을 해소하는 일이다.

부부싸움은 칼로 물 베기라는 말이 있지만 이는 매우 잘못된 말이다. 부부싸움은 칼로 살 베기라고 생각해야 한다. 예리한 칼로 서로의 가슴에 상처와 고통을 주는 일이 부부싸움이다. 부부싸움을 대수롭지 않게 생각하면 갈등의 틈이 점점 넓어져간다는 사실을 명심하고 왜 싸우는지에 대한 원인과 해결방법을 찾기 위해 적극적인 노력을 기울여야 한다.

인간관계에서의 갈등은 누가 원인을 제공하느냐에 따라 4가지 국면으로 나눠진다.

(1) 상대방이 갈등의 원인을 제공

내가 아니라 상대방이 갈등의 원인을 만드는 상황이다. 이때 내가 어떻게 대응하느냐에 따라 갈등이 약화, 또는 해소되기도 하고 갈등이 심화, 증폭되기도 한다.
+ 반응) 긍정적으로 대응 : 갈등의 약화, 또는 해소
− 반응) 부정적으로 대응 : 갈등의 심화, 또는 증폭

(2) 내가 갈등의 원인을 제공

상대방이 아니라 내가 갈등의 원인을 만드는 상황이다. 이때 상대

방이 어떻게 대응하느냐에 따라 역시 갈등이 약화, 또는 해소되거나 반대로 심화·증폭된다.
  + 반응) 긍정적으로 대응 : 갈등의 약화, 또는 해소
  - 반응) 부정적으로 대응 : 갈등의 심화, 또는 증폭

이렇게 4가지 국면을 도표로 나타내면 다음과 같다.

나 \ 타인	나의 갈등유발요인	
타인 갈등 유발 요인	긍정(+)	부정(-)
+	+ , +	- , +
-	+ , -	- , -

+ : 갈등을 유발하지 않는 긍정적 말과 행동
- : 갈등을 유발하는 부정적 말과 행동

1사분면 : 상대방이 긍정적으로 행동하고 나도 긍정적으로 행동하는 상황이다. 상호 간에 갈등이 발생하지 않는 상황이다.

2사분면 : 상대방은 긍정적으로 행동하지만 나는 부정적으로 행동하여 갈등이 발생하는 상황이다. 갈등의 원인이 나에게 있기 때문에 내가 갈등을 유발하는 요소가 무엇인지 찾아 개선해야 갈등이 해결된다.

3사분면 : 상대방은 부정적으로 행동하지만 나는 긍정적으로 행동

하는 상황이다. 갈등이 내재화되거나 시간의 경과에 따라 갈등이 약화·해소될 가능성이 높다. 상대방이 갈등을 유발하는 이유가 무엇인지 찾아 개선해야 한다.

4사분면 : 상대방이 부정적으로 행동하고 나도 부정적으로 행동하는 상황이다. 가장 최악의 경우이며, 시간의 경과에 따라 갈등이 더욱 심화·증폭된다. 상대방의 부정적 행동에 대해 똑같이 부정적인 반응을 나타내지 않도록 조심해야 한다.

4가지 국면 중에서 1사분면을 제외하고 2, 3, 4분면에서 갈등이 발생된다. 그중에서 3사분면은 나의 긍정적 반응으로 인해 갈등이 약화·해소될 가능성이 높기 때문에 결국 2사분면, 4사분면이 갈등관리의 문제가 된다.

갈등은 메아리, 또는 박수소리와 같다는 점을 명심해야 한다. 메아리는 내가 먼저 소리를 질러야 하고, 손뼉도 마주쳐야 박수소리가 난다. 즉 갈등은 내가 어떻게 행동하고 반응하느냐에 상대방의 행동과 반응이 달라지고, 그런 상호작용 속에 심화되거나 약화되는 것이다. 직장에서 상사가 권위적이고 무시하는 행동을 보인다고 해서 나 역시 상사의 지시나 말을 무시하거나 거부하는 듯한 말과 행동을 나타내면 갈등은 증폭되기 마련이다. 옛말에 "가는 말이 고와야 오는 말이 곱다"고 했다. 갈등을 예방, 또는 해결하려면 긍정적인 말과 행동으로 반응해야 한다.

상대방이 적대적·지배적·폐쇄적인 성향으로 행동할 때 나는 우호적·협력적·개방적인 말과 행동으로 반응해야 갈등을 막을 수 있다. 긍정적인 반응은 좋아하기·열기·보조 맞추기·주기와 관련된 행동이며, 부정적인 반응은 싫어하기·닫기·끌고 가기·받기에 관련된 행동들이다.

- 긍정적 반응

관심, 경청, 이해, 공감, 수용, 양보, 인정, 지지, 사과, 용서, 배려, 존중, 감사, 차분한 목소리, 안정된 제스처 등

- 부정적 반응

무시, 회피, 거부, 반발, 비난, 질책, 추궁, 강요, 독주, 분노, 위협, 통제, 억압, 흥분한 목소리, 격렬한 제스처 등

갈등유발지수 체크리스트

아래 항목의 내용을 읽고 자신에게 해당되는 점수를 측정하여 괄호 안에 적은 후 각각의 점수를 모두 합산하라.

전혀 그렇지 않다	그렇지 않다	보통이다	그렇다	매우 그렇다
2	4	6	8	10

1. 다른 사람과 갈등을 빚었던 일이 많다. (   )
2. 고집이 세거나 독선적이라는 소리를 자주 듣는다. (   )
3. 이기적이거나 개인적이라는 소리를 자주 듣는다. (   )
4. 다른 사람의 말이나 행동을 보며 답답함을 느끼는 일이 많다. (   )
5. 다른 사람의 잘못이나 실수를 보면 바로잡으려 든다. (   )
6. 다른 사람의 말이나 행동에 쉽게 자존심이 상한다. (   )
7. 다른 사람의 비난이나 비판을 들으면 즉각 반발한다. (   )
8. 대화가 통하지 않으면 흥분하거나 소리를 지르게 된다. (   )
9. 다른 사람의 진의를 오해하는 일이 많다. (   )
10. 다른 사람이 나의 생각을 오해하는 일이 자주 발생한다. (   )

해설 점수가 81점 이상인 사람은 항상 누군가와 갈등을 빚고 있는 유형이다. 이런 사람은 자신의 성향 자체가 갈등의 근본적인 문제점이라는 사실을 깨닫고 자신의 말, 태도, 행동을 개선해야 한다. 특히 갈등을 예방하는 대화법을 익히기 위해 노력을 기울여야 한다.

점수가 51~80점 사이에 해당되는 사람은 때때로 갈등을 일으킬 가능성이 높은 유형이다. 이 점수에 해당되는 사람은 감정조절능력을 강화해야 한다. 갈등이 발생하거나 심화되는 것은 공격적인 말과 행동 때문이다. 대화와 토론을 할 때 흥분하지 말고 목소리를 낮추며, 차분한 감정을 유지하도록 노력해야 한다.

마지막으로 점수가 50점 이하에 해당되는 사람은 비교적 갈등이 적은 유형이다. 이 점수에 해당되는 사람은 감정조절능력이 양호하고 다른 사람에 대해 수용적인 태도를 가지고 있다. 적극적 경청과 자기공개의 대화법을 통해 더욱더 원만한 인간관계를 형성해나가면 된다.

3

부정적 감정을 조절하라

다른 사람이 적대, 지배, 폐쇄적인 성향으로 말과 행동을 할 때 우리는 분노, 불안, 수치심, 혐오감 등의 부정적인 감정을 경험하게 된다. 이러한 부정적 감정이 쌓이면 대인관계에서 갈등을 유발하고 인간관계를 해치게 된다. 따라서 갈등 관리에서는 부정적 감정을 슬기롭게 해소하는 것이 중요하다. 토마스 제퍼슨은 "화가 치밀어 오르거든 마음속으로 열을 세라. 열까지 세도 화가 가라앉지 않으면 백까지 세라"는 말을 남겼다. 스스로의 감정을 잘 조절할 수 있어야 적을 만들지 않고 갈등이 해결된다.

부정적 감정을 해소하는 방법은 다양한데 크게 2가지로 분류하면 회피하는 방법과 직접 대응하는 방법으로 나눠진다. 회피하는 방법은 부정적 감정을 회피하기 위해 다른 활동에 관심을 돌려 기분을 전환시키는 방법이다. 분노, 우울, 불안 등의 기분을 느낄 때 영화를 보거나 음악을 듣는 것이 대표적이다. 이외에도 음식 먹기, 술 마시기, 쇼핑하기, 여행하기처럼 다른 일에 몰두하는 것이다.

직접 대응하는 방법으로는 부정적인 감정을 해소하기 위해 그러한 감정이 발생된 원인과 해결방안에 관련된 행동을 취하는 것이다. 부정적 감정을 유발한 사람에게 직접 표현하기, 편지나 메일쓰기, 다른 사람에게 조언 구하기, 또는 다른 사람과 이야기 나누거나 생각을 바꾸는 인지적 재구성법이 있다. 사람의 감정은 지각-사고-감정의 단계로 형성되기 때문에 부정적인 감정을 유발한 사건이나 원인에 대해 내가 사고를 전환하면 부정적 감정이 해소될 수 있다. 이처럼 새로운 사로로 전환하기 위한 노력을 대안사고법이라고 부르는데 크게 5가지 측면에서 생각하게 된다.

예) 내가 일하는 부서의 팀장이 나에 대해 "매우 개인적인 사람이다"는 말을 했다고 김 대리가 그것을 전해준다. 부장이 나를 무시하고 좋지 못한 감정을 지니고 있는 것 같아 매우 기분이 좋지 않고 화가 난다.

① 사실성 : 그러한 사실이 실제로 존재하는 것인가? 혹시 김 대리가 잘못 들은 것이거나 이간질하는 것은 아닐까?

② 진위성 : 부장이 그런 말을 한 진정한 의도는 무엇일까? 나에게 간접적으로 충고한 것은 아닐까?

③ 논리성 : 부장이 나에게 개인적이라는 말을 했다고 해서 나를 무시한다거나 악감정을 품고 있다고 생각하는 것이 과연 논리적인 일인가? 아무런 관심이 없거나 혹은 기대감이 너무 많아서 그런 표현을 한 것일 수도 있지 않을까?

④ 당위성 : 부장도 사람인데 그런 말을 해서는 안된다는 법이라도 있는가? 모든 상사가 부하직원에게 흔히 할 수 있는 말 아닐까?

⑤ 유용성 : 설사 부장이 그런 말을 했다고 해서 내가 기분 나빠해봐야 무슨 소용인가? 불쾌한 감정에 사로잡혀봤자 나만 손해니까 빨리 잊어버리자.

갈등은 공격적인 표현을 통해 시작된다. 상대방으로부터 비판·비난받거나, 책임과 잘못을 지적받거나, 행동을 통제받거나, 인격적 가치를 무시하는 표현을 들으면 부정적인 감정이 형성된다. 그리고 이러한 부정적인 감정을 올바른 방법으로 해소하지 못하면 다시 공격적인 행동으로 상대방에게 반응을 보이게 되고 갈등이 심화되는 것이다. 따라서 부정적인 감정이 형성되면 일단 다른 일에 몰두하면서 기분전환을 시도하거나 대안 사고를 통해 생각을 전환해본다. 마지막으로 상대방, 또는 제3자와 이야기를 나누며 부정적인 감정을 해소시켜야 한다.

갈등관리능력 체크리스트

다음 항목의 내용을 읽고 자신에게 해당되는 점수를 괄호 안에 적은 후 각각의 점수를 모두 합산하라.

전혀 그렇지 않다	그렇지 않다	보통이다	그렇다	매우 그렇다
2	4	6	8	10

1. 다른 사람에게 공격적으로 느껴질 수 있는 비난이나 비판을 하지 않는다. (   )
2. 다른 사람을 대할 때 정중하고 예의바른 말과 태도를 취한다. (   )
3. 다른 사람의 의견을 무시하지 않으며 상대방의 관점을 이해하려 노력한다. (   )
4. 다른 사람의 취향이나 스타일을 존중하며 가능한 한 수용하려 노력한다. (   )
5. 다른 사람과 갈등이 생겨도 쉽게 흥분하지 않고 감정을 잘 조절한다. (   )
6. 다른 사람과 갈등이 생기면 상대방의 상황과 감정을 헤아리려 노력한다. (   )
7. 다른 사람과 갈등이 생기면 충분한 대화를 통해 나의 생각과 감정을 이해시키려 노력한다. (   )
8. 다른 사람에게 잘못이나 실수를 행하면 곧바로 인정하고 사과한다. (   )
9. 다른 사람과 갈등이 생기면 책임이나 잘못을 따지기보다 해결에 초점을 맞춘다. (   )
10. 다른 사람과 갈등이 생기면 내 주장을 관철시키기보다는 함께 승─승할 수 있는 대안을 찾으려 노력한다. (   )

해설 81점 이상의 점수에 해당되는 사람은 갈등관리능력이 매우 우수한 사람이다. 계속해서 9~10번 항목에 노력을 기울이면 된다. 51~80점 사이에 해당되는 사람은 갈등관리 능력이 중간 정도 수준이다. 이 점수에 해당되는 사람은 6~8번 항목에 더욱 노력을 기울여야 한다. 갈등의 초기단계에 대처방법이 미숙하기 때문에 쉽게 해결될 수 있는 갈등이 더욱 심화되는 유형이다. 마지막으로 50점 이하의 점수에 해당되는 사람은 갈등해결능력이 매우 낮은 사람이다. 이 점수에 해당되는 사람들은 가장 먼저 1~4번 항목에 주의를 기울여야 한다. 다른 사람을 대할 때 정중하고 예의 바른 태도를 유지하며 공격적인 말이나 행동을 삼가고 상대방의 의견이나 취향을 존중하는 마음가짐을 갖는 것이 중요하다.

부정적으로
대응하지 마라

　미국 워싱턴 대학교의 심리학 교수 존 가트만 박사의 조사결과에 의하면 부부가 이혼하는 본질적인 이유는 성격 차, 경제난, 배우자의 부정과 같은 표면적 원인이 아니라 그러한 갈등에 대해 어떻게 대처하고 해결해나가느냐에 따른 것이라고 한다. 즉, 어떤 문제가 발생했을 때 대화와 토론을 통해 서로의 생각과 감정을 이해하고 수용하려는 태도를 나타낸 사람들은 이혼까지 이르지 않는 경우가 많았지만 상호 간에 공격적인 말과 행동으로 일관한 사람들은 끝내 이혼에 도달하게 된다는 것이다.
　가트만 박사의 주장에 따르면 갈등이 발생했을 때 부부가 나타내는 부정적인 반응 중에서 이혼까지 도달하게 만드는 위험요인은 비난·경멸·방어(반격)·도피(담 쌓기)의 4가지로 구분된다. 이러한 부정적인 태도가 부부싸움을 통해 모두 나타나면 이혼할 확률이 92%에 달하는 것으로 밝혀졌다.

결국 이러한 조사결과는 모든 갈등해결에도 동일한 관점을 시사해주고 있다. 즉, 갈등해결에 있어 가장 중요한 것은 갈등의 원인 그 자체보다도 갈등이 발생했을 때 어떤 말과 행동, 어떤 태도로 문제를 해결하려 시도하는지가 핵심과제인 셈이다. 이것은 우리의 언어습관과 밀접한 관련이 있다. 보통 갈등은 서로 다른 생각과 감정이 부딪쳐 발생한다. 이때 상대방의 말과 행동에 내가 부정적인 반응을 보이면 갈등이 커지고 내가 긍정적인 말과 행동으로 반응하면 갈등은 약화되는 것이다.

그러나 사람들은 총알이 장전된 총을 조심스럽게 다뤄야 하는 것은 알면서도 말을 조심스럽게 해야 한다는 것을 알지 못한다. 따라서 나의 언어습관이 다른 사람에게 부정적인 반응을 일으키고 있는 것은 아닌지 점검해보고 긍정적인 대화법을 익히도록 노력해야 한다. 이를 위해서는 교류분석^{TA} 이론을 활용하는 것이 좋다.

TA$^{Transactional\ Analysis}$(교류분석)은 1957년 미국의 정신과 의사인 에릭 번$^{Eric\ Berne}$에 의해 창안되었다. TA에는 여러 가지 이론과 실천 방법들이 있는데 핵심적인 내용으로는 다음과 같다.

(1) 교류분석에서는 "과거와 타인은 바뀌지 않는다. 바꿀 수 있는 것은 자신뿐이다"라는 철학을 가지고 있다. 아울러 사람은 누구나 둘도 없는 소중한 존재다. 사람은 누구나 생각하는 능력을 갖고 있고, 자신의 운명을 스스로 결정하고 그 결정은 바꿀 수 있다고 정의한다. 이를 바탕으로 대인관계를 할 때는 4가지 태도를 보인다.

① 나는 OK, 타인도 OK(자타긍정)
: 나도 주위 사람도 모두 좋다.
② 나는 OK가 아니지만(Not OK), 타인은 OK(자기부정, 타인긍정)
: 주위의 사람은 좋지만 나는 좋지 못하다.
③ 나는 OK이지만, 타인은 OK가 아니다(Not OK)(자기긍정, 타인부정)
: 나는 좋지만 주위 사람은 좋지 못하다.
④ 나도 OK가 아니고, 타인도 OK가 아니다(자타부정)
: 나도 좋지 못하고 세상 사람들도 좋지 못하다.

(2) 교류분석에서는 사람들을 연령이나 지적수준에 상관없이 보통 3가지 유형의 인성표현을 보이는 것으로 구분하는데 각각 어버이Parent, 성인Adult, 어린이Child로 명명된다. 이것은 다시 5가지 유형으로 분류된다(한국교류분석협회http://www.ta.or.kr 자료 참조).

① 비판적 어버이Critical Parent : 약자로 CP라고 부른다. 주로 비판, 비난, 질책과 관련되어 있으며, 어린이들에게 규칙을 가르쳐주는 엄격한 면, 양심과 관련이 있다.
② 양육적 어버이Nurturing Parent : 약자로 NP라고 부른다. 어린이

의 성장을 도와주는 어머니와 같은 부분이며, 동정적, 보호적, 양육적, 공감적이다.

③ 어른 자아상태Adult : 약자로 A라고 부르며 감정에 지배되지 않는 이성적인 부분이다.

④ 자유로운 어린이Free Child : 약자로 FC라 부른다. 성격 중에서 가장 선천적인 부분이다. 감정적, 본능적, 자기중심적, 호기심이나 창조성의 원천이다.

⑤ 순응하는 어린이Adapted Child : 약자로 AC라고 부른다. 어린이가 부모에게 순종하려고 노력하는 부분으로 부모의 영향 밑에서 이루어진다.

(3) 교류분석에서는 이와 같은 이론을 근거로 일상생활에서 어떤 말, 행동, 태도를 취하게 될 때는 우리가 지니고 있는 어버이P, 성인A, 어린이C의 3가지 인성 중에서 어떤 특성을 강하게 지녔느냐에 따라 대화 패턴과 행동양식이 달라진다는 것이다. 이것을 대화 패턴으로 분류해보면 다음과 같다.

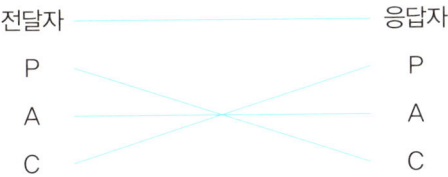

어버이 성향의 대화패턴은 상대방을 꾸짖고 행동을 통제하고 상대방을 위협한다. 성인 성향의 대화패턴은 상대방을 인격적으로 존중

하고 배려하며, 경청과 솔직한 자기공개가 이뤄진다. 어린이 성향의 대화패턴은 항상 관심이나 인정을 요구하고 투정을 부리거나 책임을 회피하고 거부한다. 때로는 상대방으로부터 지시나 명령을 받고자 한다.

교류분석에서 말하는 것과 같이 우리는 모두 자신만의 독특한 언어습관, 행동양식을 지니고 있다. 가장 바람직한 것은 성인A으로서의 인성을 갖는 것이지만 모든 사람은 어버이P, 어린이C의 인성을 함께 가지고 있다. 따라서 평상시에 내가 어떤 성향으로 대인관계를 하고 다른 사람과 대화를 나누고 있는지를 점검해보고, 성인 대 성인으로의 대화법이 습관화될 수 있도록 노력해야 한다.

특히 가장 문제인 것은 대인관계에서 나는 OK, 타인은 NOT OK라는 태도를 취하는 것이다. 대부분의 사람들이 갈등이 발생하면 자신에게는 아무런 문제가 없고 상대방에게만 문제가 있는 것으로 생각한다. 그러나 이런 태도로는 갈등을 해결할 수 없다. 나에게 갈등을 유발하는 요소는 없는지 스스로를 돌이켜봐야 갈등을 슬기롭게 해결할 수 있다. 인디언 속담에 "그 사람의 신발을 신고 오랫동안 걸어보기 전까지는 그 사람을 판단하지 말라"는 말이 있다. 갈등을 예방하고 해결하려면 상대방의 신발을 신고 오랫동안 걸어본 다음에도 그 사람을 판단하지 말아야 한다.

5

갈등 상황은 비위 맞추기로 피하라

　갈등은 상대방이 원하는 행동을 하지 않거나, 또는 상대방이 원치 않는 행동을 하기 때문에 발생한다. 따라서 갈등을 없애려면 상대방의 비위에 맞는 행동을 취해야 한다. 아울러 상대방의 비위를 맞춤으로써 인간관계가 개선되면 갈등에도 영향을 미쳐 사소한 원인에서 비롯된 갈등은 쉽게 해결될 수 있다. 비위를 맞춘다는 것은 상대방의 부정적인 감정을 해소시켜준다는 것을 의미한다. 강의 중에 교육생들과 주고받은 대화내용을 통해 갈등과 부정적 감정의 상관관계에 대해 함께 생각해보자.

필자 : 백설공주는 누구와 갈등을 빚었나요?

교육생1 : 마녀인 계모와 갈등이 있었습니다.

필자 : 그렇죠. 계모와 갈등이 있었습니다. 그런데 무엇 때문에 갈등이 생겨난 것인가요? 마녀의 마음속에 백설공주에 대한 어떤 부정적인 감정이 형성된 것인가요?

(다들 생각에 잠긴 듯 침묵)

필자 : 너무 어렵게 생각하지 마세요. 동화를 읽어보면 이런 내용이 나옵니다. 마녀가 요술거울에게 질문을 합니다. "거울아, 거울아! 이 세상에서 누가 가장 예쁘니?" 거울이 대답하기를 "이 세상에서 가장 아름다운 건 백설공주입니다"라고 말합니다. 이 말을 들은 마녀의 마음은 어땠을까요?

교육생2 : 아마 질투심에 사로잡혔을 겁니다.

필자 : 맞아요. 백설공주는 눈처럼 흰 피부, 앵두처럼 붉은 입술, 흑단(黑檀)처럼 검은 머리를 가진 아름다운 공주였습니다. 이 세상에서 가장 예쁘다는 말을 듣고 싶었던 마녀는 백설공주가 더 예쁘다는 거울의 대답을 듣고 실망과 분노, 질투심에 사로잡혔을 겁니다. 그리고 그런 부정적인 감정을 해소하기 위해 백설공주를 죽이려 시도합니다. 따라서 우리가 생각할 수 있는 것은 마녀에게 부정적인 감정이 형성되지 않았거나 부정적인 감정이 다른 방법으로 해소되

었다면 백설공주와의 갈등도 순조롭게 해결되었을 것이라는 점입니다.

언젠가 인터넷에서 이런 이야기를 본 적이 있습니다. 마녀가 백설공주를 미워하게 된 이유는 백설공주가 자신보다 예뻐서가 아니라 믿었던 거울의 배신 때문이라는 주장입니다. 재미있는 말이 아닌가요? 분명한 것은 마녀의 마음에 형성된 부정적 감정이 배신감인지, 아니면 질투심인지에 따라 갈등의 해결방법도 달라질 것이라는 점이죠. 이번에는 다른 동화를 생각해보죠. 어떤 이야기가 좋을까요?

교육생3 : 백설공주가 나왔으니 신데렐라도 좋을 것 같습니다.

필자 : 그래요. 신데렐라도 좋은 소재네요. 우리나라에는 비슷한 이야기로 콩쥐팥쥐가 있죠. 동화 속에서 신데렐라는 누구와 갈등을 겪나요? 역시 계모와 갈등을 빚습니다. 아까 말한 것처럼 계모의 마음 속에 신데렐라에 대한 부정적인 감정이 형성된 것인데 어떤 좋지 못한 감정들일까요? 생각나는 대로 말해보세요.

교육생1 : 수치심이 있지 않았을까요? 자신이 계모라서 떳떳치 못한 감정 같은….

교육생2 : 불안감도 있었을 것 같습니다. 자신의 딸들이 신데렐라보다 뒤처지는 것을 걱정했을 수도 있지 않을까요?

교육생3 : 백설공주 이야기처럼 신데렐라의 계모도 시기나 질투를 한 건 아닐까요? 예쁜 신데렐라에게 말이죠.

교육생4 : 신데렐라의 말이나 행동에 못마땅한 점이 있었다면 경멸이나 혐오감을 느낄 수도 있었을 것 같은데요.

필자 : 그렇습니다. 어쩌면 지금까지 말한 모든 감정이 신데렐라의 계모 마음속에 복합적으로 형성되었을 것으로 생각됩니다. 그리고 그런 부정적인 감정의 영향으로 신데렐라에게 못된 말과 행동을 하게 된 거죠. 특히 무도회나 유리구두와 관련돼서는 자신의 딸이 신데렐라보다 더 잘되기를 바라는 마음이 불안감과 함께 어우러졌을 겁니다.

물론 신데렐라의 계모는 원래부터 심술궂고 못된 성품을 가졌을 수도 있습니다. 일상생활 속에서 분노와 짜증을 느낄 때마다 신데렐라에게 화풀이를 했을 수도 있죠. 그런 선하지 못한 성품에다가 신데렐라에 대한 부정적인 감정까지 더해진다면 최악의 갈등이 빚어질 수밖에 없겠죠. 이제 마지막으로 한 가지만 더 사례를 찾아보기로 하죠. 어떤 동화가 좋을까요?

교육생1 : 흥부와 놀부는 어떨까요?

필자 : 좋습니다. 함께 생각을 해보죠. 흥부는 형인 놀부와 갈등을 빚었습니다. 놀부의 마음속에는 흥부에 대해서 어떤 부정적인 감정이 형성돼 있었던 것일까요? 정답이 있는 것이 아니니 편하게 생각나는 대로 이야기하면 됩니다.

교육생1 : 동생을 경멸하지 않았을까요? 흥부가 무위도식하고 능력도 없으면서 애들은 10명 넘게 낳은 것을 안 좋게 생각했을 것 같습니다.

교육생2 : 동생이 자기에게 빌붙어 살까봐 걱정했을 겁니다. 욕심쟁이 놀부로서는 재산이 축나는 것이 가장 겁나고 불안했을 거예요.

교육생3 : 동생에게 질투를 했을지도 모릅니다. 어릴 때부터 어른들이 착한 흥부에게만 칭찬해주는 모습을 보며 마음의 상처를 받았을 지도 모릅니다.

교육생4 : 동생에게 화가 났을지도 모르죠. 흥부가 형님을 존경하지 않는다고 느꼈을 수도 있어요. 자신이 집안을 일으키기 위해 노력한 공로를 몰라준다고 생각했을지도 모릅니다.

교육생5 : 놀부는 욕심꾸러기니까 흥부에 대해 불안감이 많았을 것 같아요. 무엇보다 부모가 물려준 재산을 동생과 나눠갖기 싫었겠죠. 요즘에도 재산상속을 둘러싸고 형제들 간에 갈등이 많잖아요. 게다가 흥부네 식구를 먹여살려야 되지 않을까 하는 걱정도 많았을 거예요.

필자 : 모두 맞는 얘기입니다. 아마 그런 감정들이 모두 복합적으로 형성되었다고 생각해도 좋을 것 같습니다. 지금까지 말한 내용을 다시 한 번 정리해보겠습니다. 갈등은 상대방의 마음에 나에 대한 부정적 감정이 형성되어 그것이 공격적인 말과 행동으로 표출되는 것입니다. 따라서 상대방의 마음속에 어떤 부정적인 감정이 형성되어 있는 것인지를 파악하는 것이 중요합니다. 다른 말로 표현하자면 상대방이 왜 나에게 그러는 것인지 알아보는 것입니다.

특히 부정적 감정의 파악이 중요한 이유는 갈등이 심화될수록 감정적인 대립이 동반되기 때문입니다. 처음에는 사소한 의견대립에서 출발한 갈등도 점차 마음의 상처를 주고받으면 감정적인 싸움으로 치닫는 경우가 대부분입니다. 지금 누군가와 갈등을 겪고 있다면 상대방이 어떤 부정적인 감정을 가지고 있는지 헤아려보기 바랍니다. 그리고 그런 부정적인 감정을 해소시켜주면 갈등은 순조롭게 해결될 수 있습니다. 그것이 비위 맞추기, 또는 기분 맞추기입니다.

취업포털 커리어www.career.co.kr가 2008년 11월 7일부터 10일 사이에 직장인 1,156명을 대상으로 설문조사를 실시한 바에 따르면, 직장상사와 친해지기 위한 효과적인 방법으로는 다음과 같은 의견들이 답변으로 조사되었다.

- 직장상사가 지시하기 전에 먼저 일을 찾아한다. (66.8%)
- 직장상사보다 먼저 출근하고 늦게 퇴근한다. (24.2%)
- 수시로 직상상사에게 칭찬을 한다. (18.0%)
- 직장상사와 같은 취미활동을 한다. (13.0%)
- 직장상사의 경조사를 챙긴다. (12.3%)
- 직장상사에게 밥이나 술을 산다. (9.7%)

이처럼 직장에서 상사의 비위를 맞추기 위한 행동들은 다양한 방법으로 나타나는데 크게 6가지 유형으로 분류할 수 있다(《직장 내 비위 맞추기 행동 차원들과 상사 – 부하 교환질 간의 관계》, 고재원).

- 상사의 자존심을 고양시키는 방법
- 상사에게 호의를 제공하는 방법

- 나의 가치를 알리는 방법
- 과잉 업무행동
- 상사의 의견에 동조하는 방법
- 상사와의 유사성을 강조하는 방법

이러한 방법은 상사뿐만이 아니라 모든 가족, 친구, 사회 인맥 등 인간관계에도 동일하게 적용할 수 있다. 즉, 가족에게 칭찬을 들려주거나 선물을 줄 수 있다. 직장에서 다른 사람들의 업무를 도와주거나 의견에 동조해줄 수 있으며, 사회에서 새로운 사람을 만나면 상대방이 좋아하는 운동이나 취미에 함께 동참할 수 있다. 이런 비위 맞추기 행동은 어떤 목적을 가지고 이뤄지느냐에 따라 아첨으로 보일 수도 있지만 긍정적인 관점에서 해석하면 인간관계 개선을 위한 적극적인 노력으로 이해하는 것이 바람직하다. 우리는 누구나 자신을 좋아하는 사람을 좋아하고, 자신을 좋아하는 사람을 위해서는 일정한 희생과 양보를 선뜻 받아들이게 된다. 따라서 갈등해결을 위해서는 상대방의 기분을 맞춰주는 비위 맞추기 행동을 적절하게 활용하는 것이 중요하다.

기분 맞추기 체크리스트

아래 항목을 읽은 후 갈등을 빚고 있는 사람에게 내가 실천하는 내용이 있으면 괄호 안에 V자로 체크하시오.

1. 칭찬, 감사, 사과의 말을 해준다. (   )
2. 상대방의 말에 관심을 나타내준다. (   )
3. 스킨십을 시도한다. (   )
4. 차, 식사, 술을 대접한다. (   )
5. 생일, 기념일, 명절 등에 선물을 한다. (   )
6. 애경사에 참석하여 도움을 준다. (   )
7. 상대방의 생각이나 아이디어에 적극 동조해준다. (   )
8. 상대방이 자긍심을 느낄만한 조언이나 도움을 청한다. (   )
9. 상대방이 좋아하는 운동, 취미에 동참한다. (   )
10. 상대방의 일을 도와준다. (   )

해설 7개 이상의 항목에 해당되면 대부분 상대방의 비위를 맞출 수 있으며 갈등을 예방, 해결할 수 있다. 4~6개 사이에 해당되면 어느 정도 상대방의 비위를 맞출 수 있으며 갈등을 약화시킬 수 있다. 3개 이하에 해당되면 비위를 맞추기 어려우며, 예상치 못한 갈등이 발생하거나 이미 발생한 갈등이 더욱 심화될 수 있다. 비위 맞추기 행동은 갈등의 예방과 해결에 큰 영향을 준다는 사실을 기억하고 적정한 수준에서 능동적으로 실천되어야 한다.

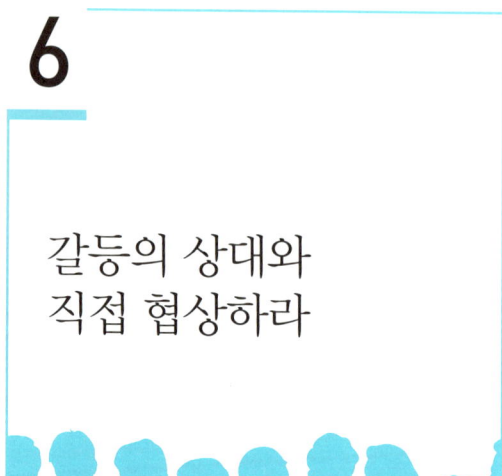

6
갈등의 상대와 직접 협상하라

KBS에서 직장인 9,000명에게 직장상사에게 들려주고 싶은 속담을 조사했더니 다음과 같은 결과가 나왔다.

- 재주는 곰이 넘고 돈은 사람이 챙긴다. (7%)
- 장수는 자신을 알아주는 사람을 위해 목숨을 바친다. (11%)
- 가는 말이 고와야 오는 말이 곱다. (13%)
- 윗물이 맑아야 아랫물이 맑다. (24%)
- 개구리 올챙이 적 생각 못한다. (30%)

이 조사를 통해서도 알 수 있듯이 부하의 공을 자신의 공으로 챙기는 상사, 부하를 인정할 줄 모르는 상사, 막말을 하는 상사, 솔선수범하지 않는 상사, 잘난 척하거나 부하의 실수나 잘못을 이해할 줄 모르는 상사는 부하들로부터 신뢰를 받기 어렵고 갈등을 빚을 가능성이 많다. 일반적으로 직장에서 갈등이 발생하는 원인을 보면 대략 다음과 같다.

- **상사**
  - 권위적인 행동
  - 업무능력 부족
  - 불성실한 업무태도
  - 과다한 업무 부여
  - 부당하고 무리한 업무 지시
  - 불공정한 평가나 대우
  - 특정 직원을 편애
  - 약속을 지키지 않음
  - 부하직원의 공로를 가로챔
  - 폭언이나 비난, 인격적 무시
  - 매사에 꼬투리를 잡거나 빈정대는 행동

- **동료**
  - 가치관, 업무 스타일의 차이
  - 고집이 세고 자기주장만 내세움
  - 입만 열면 아부를 일삼음
  - 자신만 챙기는 개인주의적 행동

- 불공정한 업무분담
- 업무성과에 대한 생색내기와 독차지

■ 부하, 후배
- 업무수행능력 부족
- 불성실한 업무태도
- 변명을 일삼거나 책임을 회피
- 매사에 불평불만과 이의제기
- 잘난 척하기
- 상사에 대한 예의나 존중감 결여
- 조직 분위기를 해치는 개인적, 돌출적 행동

이런 다양한 갈등을 유형별로 구분하면 크게 다음과 같이 나눠 질 수 있다.

■ 말, 행동, 성향에 관련된 것
- 상사 : 권위적인 행동, 폭언이나 비난, 인격적 무시, 매사에 꼬투리를 잡거나 빈정대는 행동
- 동료 : 고집이 세고 자기 주장만 내세움, 입만 열면 아부를 일삼음, 자신만 챙기는 개인주의적 행동 등
- 부하, 후배 : 변명을 일삼거나 책임을 회피, 매사에 불평불만과 이의제기, 잘난 척, 상사에 대한 예의나 존중감 결여, 조직 분위기를 해치는 개인적, 돌출적 행동 등

- **업무와 관련된 것**
    - 상사 : 업무능력 부족, 불성실한 업무태도, 과다한 업무 부여, 부당하고 무리한 업무 지시, 불공정한 평가나 대우, 특정 직원을 편애, 약속을 지키지 않음, 부하직원의 공로를 가로챔
    - 동료 : 업무 스타일의 차이, 불공정한 업무분담, 업무성과에 대한 생색내기와 독차지
    - 부하, 후배 : 업무수행 능력 부족, 불성실한 업무태도, 변명을 일삼거나 책임을 회피, 매사에 불평불만과 이의제기

한편 직장인들은 직장에서 발생하는 갈등을 해결하기 위해 다음과 같은 방법들을 주로 동원하는 것으로 알려졌다(취업포털 커리어 www.career.co.kr가 2008년 11월 7일부터 10일 사이에 직장인 1,156명을 대상으로 설문조사).

- 동료들과 이야기(상사 뒷담화 등)를 통해 푼다. (36.2%)
- 혼자 삭인다. (22.4%)
- 가급적 더 큰 마찰이 생기지 않도록 피한다. (20.8%)
- 술자리 등 상사와 인간적으로 대화할 수 있는 자리를 만든다. (10.4%)
- 회의나 면담 요청 등 업무적으로 해결한다. (8.5%)

이 조사결과를 통해 보면 직장인들은 갈등이 생겼을 경우 직접적으로 상사와 해결하기보다는 간접적으로 해결하려는 태도를 보

이는 것으로 알 수 있다. 그러나 갈등을 당사자와 직접 해결하지 않고 다른 사람과 뒷담화를 하거나, 혹은 혼자 삭이면서 큰 마찰이 생기지 않도록 피하는 것은 모두 올바른 갈등대처방법이라고 할 수 없다. 갈등을 회피하는 것은 계속해서 더 큰 갈등을 쌓아가는 것이며 새로운 갈등을 불러올 가능성이 높다. 갈등이 발생하면 회피하지 말고 적극적으로 상대방과 갈등을 해결하기 위한 직접적인 노력을 시도해야 한다.

갈등은 서로 다른 목표나 이해관계가 대립하고 있는 상황이다. 이런 대립을 해소하기 위해서는 대부분 협상의 과정이 필요하며 상호 간의 협상력에 따라 갈등의 해결방법과 양상이 달라지게 된다. 따라서 갈등에 직면하면 스트레스로 인식하지 말고 어떻게 상대방을 내가 원하는 방향으로 이끌어올 수 있는지 생각해보고, 나의 설득력과 협상력을 기르는 과정으로 받아들이는 것이 바람직하다.

결국 어떤 의미에서는 갈등해결은 리더십과도 밀접하게 관련되어 있다. 높은 수준의 리더십을 가진 사람만이 직장에서 발생하는 갈등을 슬기롭게 해결하고 원만한 인간관계를 형성할 수 있다. 반대로 생각하면 직장 내 갈등을 효과적으로 해결하는 과정을 통해 리더십이 함양된다고 판단할 수도 있다. 따라서 지금 누군가와 갈등을 겪고 있다면 나의 리더십을 키울 수 있는 협상게임으로 관점을 바꿔라.

협상은 대화와 설득, 절충과 타협의 과정이다. 지속적인 대화를 통해 서로가 합의할 수 있는 해결책을 마련해보라. 물론 이런 일들은 현실적으로 간단하거나 쉽지 않은 일이다. 그렇다고 해서 부정적인 반응으로 대응하거나 회피적 자세를 취한다면 결국 얻어지는 것은 아무 것도 없다. 대인관계에서 갈등이 빚어지면 다음과 같은 방법으로 협상을 시도한다.

(1) 상대방의 의도, 최종적인 목표를 분석해본다
갈등의 원인, 상대방이 적대적인 말과 행동을 하는 이유, 상대방에게 형성된 부정적인 정서의 유형, 상대방이 얻고자 하는 최종적인 목표 등에 대해 생각해본다.

(2) 서로의 생각과 감정을 공유한다
상대방의 생각과 감정, 상대방이 처해 있는 상황에 대해 적극적으로 경청한다. 대화의 과정에서는 상대방에 대한 공감을 충분히 표현해준다. 그 다음으로 내가 생각하는 관점, 내가 느끼는 감정, 내가 처해 있는 상황에 대해 공개한다. 대화할 때는 상대방에게 우호적, 협력적, 개방적 태도를 유지한다.

(3) 서로가 합의할 수 있는 해결책을 마련한다
상충된 목표 사이에서 절충점을 찾아본다. 한쪽에서 수용할 수 있는 사항, 잠시 결정을 보류시킬 수 있는 사항, 상호 간에 조금씩 양보할 수 있는 사항, 다른 목표로 대체할 수 있는 사항 등을 검토하여 합의점을 마련해본다.

(4) 5가지 요소를 점검한다

갈등 대처에는 힘, 관계, 목표, 동기, 신념이 영향을 미친다. 따라서 상대방이 갈등에 대처하는 방법을 바꾸고 싶으면 5가지 요소 중에서 변경될 수 있는 요소를 찾아 변화를 주면 된다.

- 힘 : 상대방의 힘을 약화시키거나 나의 힘을 강화시킨다.
- 관계 : 상대방과의 관계에 친밀감, 신뢰감을 높인다.
- 목표 : 상대방의 목표를 수정하거나 다른 것으로 대체시킨다.
- 동기 : 상대방에게 다른 동기를 제공한다.
- 신념 : 상대방의 신념을 변화시킨다.

(5) 지속적으로 노력한다

작은 갈등은 쉽게 해결될 수 있지만 큰 갈등은 한번에 해결되기 어렵다. 갈등을 너무 빨리 해결하려면 대결의 양상이 전개될 가능성이 높고, 반면에 너무 방치해두면 회피하는 양상이 나타날 수 있다. 갈등해결에는 끈기와 노력이 요구된다는 사실을 명심하고 지속적인 대화와 협상을 시도해나가야 한다.

4가지 대인행동 체크리스트

유형		실천 대상자 이름 : ( )	실천여부
좋아하기 (Love)	호의적 시선	호감 어린 눈빛, 표정으로 바라보는가?	
	호감 표현	호감을 말로 표현하는가?	
	스킨십	스킨십을 통해 친밀감을 전달하는가?	
	함께하기	관심을 갖고, 자주 연락하고, 함께 시간을 보내는가?	
열기 (Open)	마음 열기	상대방이 마음의 빗장을 풀도록 만드는가?	
	경청하기	눈맞춤, 고갯짓, 추임새를 통해 경청하는가?	
	공감하기	질문을 통해 상대방의 생각, 감정을 헤아리는가?	
	자기공개	나의 생각·감정·내면의 모습을 열어보이는가?	
보조 맞추기 (Pacing)	인정하기	상대방을 나와 동등하게 존중하는가?	
	양보하기	상대방의 생각, 의견에 따르는가?	
	설득하기	나를 이해시키기 위해 노력하는가?	
	인내하기	충분한 시간을 갖고 대화하는가?	
주기 (Give)	정서적 지지	사랑, 지지, 격려를 보내주는가?	
	물질 제공	돈·선물 기타 물질적 자원을 제공하는가?	
	도움 제공	일·건강·취미·가족·꿈의 실현에 도움을 제공하는가?	
	호의 제공	환대·경험·배려를 제공하는가?	
갈등해결	긍정적 반응	상대방의 말이나 행동에 긍정적으로 반응하는가?	
	감정조절	내 마음에 형성된 부정적인 정서를 해소하는가?	
	기분 맞추기	상대방에게 긍정적인 정서를 형성시켜주는가?	
	협상하기	대화와 절충을 통해 합의점을 마련하는가?	

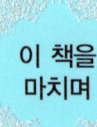

이 책을 마치며

　집필을 마치고 나니 또 후회가 밀려온다. 몇 년 전 처음 책을 쓸 때는 시작하기가 어려웠는데 요즘에는 끝을 맺기가 어렵다. 아니, 두렵고 후회스럽다.

　어렸을 때 공부를 열심히 하지 않은 것, 사랑했던 여자를 떠나보낸 것, 부모님이 살아 계실 때 효도를 다하지 못한 것, 자녀와 더 많은 시간을 함께 하지 못한 것, 대박의 환상에 젖어 주식투자에 뛰어든 것, 저녁을 과식한 것, 다른 사람에게 심한 말을 한 것….

　어찌 보면 인생은 후회의 연속이다. 그러나 이 세상에 태어난 것을 후회할 수는 없다. 왜냐하면 그것은 스스로 내린 결정이 아니기 때문이다. 할 수 있는 것은 우리를 세상에 낳아준 부모님에 대한 감사, 또는 원망일 뿐이다. 그리고 인생 또한 마찬가지다. 어떤 사람은 후회하고, 어떤 사람은 감사하고, 어떤 사람은 원망한다.

얼마 전, 각계인사 교류모임 회원 몇 사람과 함께 점심을 먹었다. 이번에 H그룹에서 퇴직한 K상무에게 격려를 보내기 위해 갑작스럽게 마련한 자리였다. 교대역 근처의 한정식집에서 모였는데 모두 5명이 참석했다. 작년에 만나고 금년에는 처음 만나는 것이다. 반갑게 인사를 나누며 그동안의 근황을 주고받는데 뜻밖에도 S그룹의 K상무 또한 회사를 그만두게 되었다고 말했다. 얼마 전 신문기사를 통해 S그룹에 대대적인 임원인사가 있었다는 소식은 들었지만 K상무는 아직 50대 중반의 나이었기에 다소 놀랍게 생각되었다. 어찌 되었든 새로운 출발에 대한 격려와 축하(?)의 말을 전하며 대화를 나누는데 K상무가 다음과 같은 말을 꺼냈다.

"이번에 300명 넘는 임원들이 회사를 떠났는데 반응이 참 다양하더군요. 어떤 사람들은 화를 내고, 심지어 눈물을 흘리는 사람까지 있었습니다. 그 모습을 보며 나는 무척 안타까웠습니다. 그동안 열심히 일하고 후회 없는 직장생활을 했다면 회사를 떠나면서 미련이나 원망은 없지 않을까 생각해보았습니다. 오히려 수십 년 동안 회사가 월급을 주고 여러 가지 복리후생과 혜택을 준 것에 대해 감사해야 할 일인데 말입니다."

그 이야기를 듣던 H그룹의 K상무가 말을 이어받았다.

"열심히 일하는 것도 중요하지만 목적의식도 중요한 것 같습니다. 자신이 어떤 인생을 살아갈 것인지에 대한 방향성 없이 회사

일에만 열심히 매달리다보면 정작 그 회사를 떠나야 할 때 자기 자신과 인생의 정체성에 대해 혼란이 올 것입니다. 삶에 대한 분명한 목적의식을 갖고 일해야 후회 없는 직장생활도 가능할 것이라 생각합니다."

모임을 마치고 나는 사무실로 돌아와 여러 가지 상념에 잠겨들었다. 사회에서 흔한 말 중에 하나가 "후회하지 말고 반성하라"는 표현이다. 그러나 이 말은 절대적으로 잘못된 말이다. 왜냐하면 후회(後悔)는 "이전에 자신이 내린 결정이 잘못된 것이라고 느끼는 감정"이기 때문에 만약 후회가 없다면 반성도 있을 수 없기 때문이다. 다만 이 말이 "후회와 함께 생겨나는 불필요한 원망을 삼가라"는 뜻을 의미하고 있다는 점에서는 긍정적인 표현이라 생각한다.

공자는 "하루에 3번 반성해야 사람답게 살 수 있다"고 말했고, 맹자는 "사람이 부끄러워하는 마음이 없는 것을 부끄러워하면 부끄러워할 일이 없다"는 깨우침을 들려주었다. 우리는 후회와 반성을 통해 올바르고 참된 삶에 이를 수 있다. 반성과 감사가 아니라 후회와 원망에 젖게 되면 돌아오는 것은 고통과 퇴행뿐이다.

나 역시 많은 후회를 한다. 죽을힘을 다해 치열하게 뛰어들지 않았던 순간들을, 찰나의 즐거움을 좇아 아깝게 흘려보낸 시간들을, 어리석은 판단과 조급했던 결정들을, 격한 감정에 휘말려 다른 사람의 가슴에 상처를 준 일들을 후회한다. 그리고 또 나는 아직 내가 시도하지 못했던 것들을 가장 후회한다.

나는 늙으신 아버지를 따뜻하게 안아드리지 못했다. 나는 아내의 손을 잡고 진심어린 사과와 감사의 말을 들려주지 못했다. 나는 아들, 딸과 함께 밤을 지새면서 수다를 떨어보지 못했다. 나는 가난한 사람들을 돕겠다는 뜻을 시도하지 못했다. 나는 돈보다 사람을 소중하게 여기겠다는 마음을 실천하지 못했다. 나는 여행가의 꿈을 시도하지 못했다. 그리고 나는 후회한다. 더 많은 사람들을 사랑하지 못하고, 더 많이 마음을 열지 못하고, 더 많이 협력하지 못하고, 더 많이 나눠주지 못한 것을 후회한다. 지금까지 인생을 살아오면서 4가지 있게 행동하지 못하고 싸가지 없이 행동한 것을 후회한다.

그러나 나는 원망하지 않는다. 오히려 후회를 거듭할수록 고마운 사람과 고마운 일이 점점 더 많아진다. 내가 저지른 잘못과 실수를 후회할수록 겸손한 마음과 지혜가 솟아난다. 과거를 후회할수록 현재와 미래를 잘 살아야겠다는 굳은 결심이 다져진다. 후회를 하면 할수록 앞으로는 후회 없는 인생을 살 수 있을 것이라는 자신감이 생겨난다. 그러니 후회란 참으로 감사한 일이다. 우리가 피해야 할 것은 후회 없는 인생이 아니라 후회하지 않는 인생이요, 우리가 추구해야 할 것은 후회나 원망이 아니라 감사하는 삶이다. 우리는 후회를 통해서 더욱 성숙해지고 성장해갈 수 있다.

후회 없는 인생을 살고 싶다면 가장 먼저 용기를 내어 시도하라. 빈센트 반 고흐는 "시도할 용기가 없다면 도대체 인생이란 무엇이겠는가!"라는 말을 남겼다. 내가 존경하는 구건서 대표는 자신의 묘비에 새길 문구로 "원 없이 살다 간 사람, 여기 잠들다"라는 말을 정해두었다. 멋진 문장이 아닐 수 없다. 나 역시 원 없이 인생을 살다가 이 세상을 떠나고 싶다. 그러려면 무엇보다도 내가 하고 싶은 일에 용기를 가지고 시도해보는 것이 먼저일 것이다. 그리고 남은 일은 후회를 많이 하는 것이다. 원망하는 후회가 아니라 감사하는 후회를 많이 하는 것, 그것이 후회 없는 인생을 사는 비법이라 생각한다.

지금 후회하자. 더 많이 사랑하지 못하고, 더 많이 마음을 열지 못하고, 더 많이 협력하지 못하고, 더 많이 나눠주지 못한 것을 후회하자.

후회하는 인생을 위하여!

2009년 6월
푸른고래 양광모

이 책과 함께 읽길 추천합니다

1. 인간관계 맥을 짚어라 / 양광모 / 청년정신
2. 당신만의 인맥 / 양광모 / 청년정신
3. 100장의 명함이 100명의 인맥을 만든다 / 양광모 / 북북서
4. 사람들을 내 편으로 만드는 소통 / 양광모 / 무한
5. 남이 나를 PR하게 하라 / 양광모 / 케이앤제이
6. 마음의 문을 여는 일곱가지 주문 / 양광모 / 갈매나무
7. 귀한 인맥 만들기 / 양광모 / 무한
8. 사람이 재산이다 / 양광모 / 엔타임
9. 사람들이 경청하도록 말하는 기술 / 폴 W. 스웨츠 / 해일
10. 귀담아 듣는 언어생활 / 전영우 / 민지사
11. 젊은이를 위한 인간관계의 심리학 / 권석만 / 학지사
12. 상대방을 사로잡는 대인관계술 / 레스 기블린 / 아름다운 사회
13. 싸우지 않고 이기는 설득의 기술 / 밥 버그 / 씨앗을 뿌리는 사람
14. 거울은 먼저 웃지 않는다 / 가네히라 케노스케 / 새론북스
15. 설득의 심리학 / 로버트 치알디니 / 21세기북스
16. 협상의 법칙 / 허브 코헨 / 청년정신
17. 티핑 포인트 / 말콤 글래드웰 / 21세기북스
18. 포지셔닝 / 잭 트라우트 & 알 리스 / 을유문화사
19. 부분과 전체 / 김용준 / 지식산업사
20. 폰더씨의 위대한 하루 / 앤디 앤드루스 / 세종서적

행복한 관계를 맺는
인간관계 불변의 법칙

지 은 이   양광모

발 행 일   2009년 6월 30일 초판 1쇄 발행

펴 낸 이   양근모

편   집   김설경 ◆ 디자인   김옥형 ◆ 마케팅   박진성·송하빈·김태열

발 행 처   도서출판 청년정신 ◆ 등록   1997년 12월 26일 제10-1531호

주   소   서울시 마포구 서교동 380-6 원오빌딩 4층

전   화   02) 3141-3783 ◆ 팩스   02) 3141-6115

이 메 일   pricker@empal.com

이 책은 저작권법에 의해 한국 내에서 보호를 받는 저작물이므로
무단전재와 무단복제를 금합니다.